La fraude

Collection *Ecritures Arabes*
Dirigée par Gérard da Silva

Dernières parutions :

N°104 Hadjira Mouhoub, La guetteuse.
N°105 Sami Al Sharif, *L'Eternel perdant, de Bagdad à Jérusalem.*
N°106 Anouar Benmalek, *L'amour loup.*
N°107 Mohed Altrad, *Badawi.*
N°108 Aymen A. Jebali, *Justice pour tous.*
N°109 Leïla Barakat, *Le chagrin de l'Arabie heureuse.*
N°110 Albert Bensoussan, *Le Félipou (contes de la sixième heure).*
N°111 Henri-Michel Boccara, *L'ombre... et autres balivernes.*
N°112 Jacqueline Sudaka-Bénazéraf, *La secrète.*
N°113 Hassina, *Les chants sacrés du vent et de l'olivier.*

En couverture : Photo de l'auteur

ISBN : 2-7384-2908-4

Mohammed EL HASSANI

La fraude

Editions L'Harmattan
7 rue de l'Ecole Polytechnique
75005 Paris

CHAPITRE PREMIER

Le reflet de l'oranger qui s'étiole dans un coin du patio, fait danser des ombres de feuilles dans le petit salon. Au gré de la brise de ce doux mois de Mai, la lumière que diffuse une rangée de petites fenêtres garnies de voilage délicat, moutonne au plafond, grimpe sur les poutres, vadrouille dans les aspérités du vieux bois, coule sur les murs revêtus de céramique et vient consteller de mille reflets la superbe broche en or incrustée de diamants qui orne le corsage de Lalla Rhita. De cou elle n'en a pas, l'épouse de Hadj Boubker, un riche propriétaire immobilier; une tête minuscule qui semble réfugiée au sommet d'un corps à l'aspect imposant où les membres y paraissent envahis, comme aspirés. Entre ce corps mou de femme toujours assise et ce chef disproportionné, s'étalent comme des coulées de lave, les strates d'un triple menton. Dans son immobilité, elle paraît grandie, comme une divinité ancienne, défiant le temps sous l'ombrage mouvant d'un coin perdu de la forêt.

Sous ses paupières épaisses, ses yeux couvent Halima et ses lèvres charnues sont ramassées dans une moue d'admiration, une admiration profonde devant le minutieux travail de broderie sur lequel est penchée sa fille adoptive.

Lalla Rhita s'émerveille de ces prestes et harmonieux aller et retour de l'aiguille qui s'élève, virevolte, puis retourne pour glisser dans la trame du tissu, s'éloigne encore, vise un point précis, y plonge, disparaît pour remonter aussitôt. De ces cohérents mouvements des doigts naissent des dessins aux formes arborescentes et des rameaux symétriques ou cruciformes d'une grande beauté, presque ineffable.

Halima brode une nouvelle nappe pour le salon. Et de ce laborieux travail d'artisan monte un fin et régulier cliquetis de bracelets. Si fin et si régulier, que mêlé à l'épaisse respiration de Lalla Rhita, il devient mélodie, comme le prélude d'un mystérieux concert. Les doigts boudinés de la vieille femme se posent sur la tête de sa protégée, elle fait en un roucoulement:

- Que c'est beau! Tu as des doigts de fée ma petite Halima.

Halima dépose doucement son ouvrage et relève la tête:

- Par ta grâce, chère maman, sans toi je ne sais ce que je serais devenue.

Lalla Rhita, le coeur plein de tendresse, roule ses yeux et balbutie doucement, si intérieurement que la fillette n'arrive pas à l'entendre:

- Chère maman! Elle a dit chère maman! Que c'est doux de se l'entendre dire... O mon Dieu, quel bonheur!

Elle se baisse difficilement pour poser un baiser sur le front de sa protégée. En se relevant, elle exhale un long soupir et dit d'un air empreint de tristesse:

- Et dire que j'étais seule, comme une prisonnière. Personne avec qui discuter, échanger le moindre propos, la moindre confidence. Quand j'y pense maintenant, j'ai comme un frisson qui me traverse le dos.

Halima, touchée par les paroles de sa protectrice, fait aussitôt:

- Comme je te plains maman, tu étais si triste, toi qui es si bonne.

- Oui ma chérie, répond la vieille femme en hochant la tête de bas en haut, qui peut le savoir mieux que moi? Mais grâce à Dieu, tu es là et tout le reste n'est qu'un triste souvenir.

La discussion continue et durant les courts instants de silence, le halètement de Lalla Rhita demeure comme un fond sonore aux cliquetis causés par les bracelets de Halima.

Des toussotements d'homme se font entendre au loin. Lalla Rhita se lève aussitôt, ayant gardé malgré son âge et sa corpulence, les réflexes du temps où elle était jeune. Elle quitte la pièce à petits pas dandinés de canard et le souffle causé par l'effort décroît peu à peu pour se perdre enfin dans le bourdonnement lointain de la ville.

Dans le silence de la grande pièce, à peine troublé de rumeurs secondaires, Halima reste pensive. Elle se souvient du premier jour de son arrivée ici.

Cela s'était passé quelques quatre années plus tôt, lorsque Hadj Boubker et Lalla Rhita étaient allés, comme au printemps de chaque année, en villégiature dans leur ferme de la province de Zaers. Lalla Rhita fut éblouie par la fille aînée de Bouazza, le nouveau fermier. Elle adora très vite la petite Halima âgée alors de dix ans. Les grands yeux expressifs qui paraissaient dévorer le visage, les longues nattes de cheveux d'un noir de jais, le gracieux petit corps, malgré un habillement précaire, tout cela avait bouleversé la vieille femme au plus haut degré. Elle pensa tout de suite à en faire sa fille.

Du temps où son ventre était encore prospère, elle avait rêvé d'avoir un enfant de sexe féminin. Elle n'a eu que des garçons, Hamid et Karim. Et bien que la maison fût à l'époque pleine de chahut et d'une innocente gaieté, rien ni personne ne pouvait ôter de sa tête cette idée fixe. Au fil des jours cette tendance s'amenuisa, puis se perdit, refoulée dans la nuit de son inconscient. Plus tard, la maison se vida. Les deux garçons étaient partis à l'étranger pour continuer leurs études. Et lorsqu'ils revinrent quelques années après, c'étaient déjà des hommes bourrus. Ils s'installèrent à Casablanca où l'aîné est actuellement à la tête d'un groupe d'assurances, tandis que le cadet, spécialiste dans le domaine des textiles, dirige une affaire de confection.

Lalla Rhita pensa que cette fois la volonté divine avait mis au travers de son chemin la fille tant convoitée. Lorsqu'elle parla de son projet d'adoption avec Hadj Boubker, celui-ci écarta d'emblée cette idée. Néanmoins il ne refusa pas que la fillette pût vivre avec eux dans leur demeure de Salé. Les parents de Halima, contactés à ce sujet, n'avaient à vrai dire posé aucun problème, juste quelques réticences, pour la forme. En réalité pour eux, l'idée d'une liaison étroite avec les maîtres n'était pas à dédaigner. En outre, la marmaille n'était pas ce qui manquait; la fermière, comme toutes les femmes de sa condition, était très fertile et une bouche en moins à nourrir allégerait quelque peu les charges.

Cependant, au cours du trajet de retour à Salé, un brusque orage éclata; les roulements du tonnerre étaient si forts, si inquiétants, que Lalla Rhita perdit sa gaieté, comme un mauvais présage, dans l'avenir.

En arrivant à la grande demeure, Halima eut l'impression d'avoir pénétré d'un bond dans un autre monde, un monde mystérieux, plein de félicité et de bonheur, un monde si bon et si généreux où il lui suffit de tendre sa main pour prendre tout ce qu'elle peut désirer. Elle paraissait s'adapter à ce milieu. Pourtant cette vie douillette n'a rien de commun avec son passé et rien ne la prédispose à cet univers transcendant. Pour elle, tout était arrivé soudainement, comme dans un beau rêve. Elle quitta la ferme où on la réveillait à l'aube pour conduire les moutons à la prairie. Malgré son jeune âge, elle ne bénéficiait d'aucune exception et travaillait dur comme une adulte.

Des bruits de pas se rapprochent. Lalla Rhita franchit le seuil de la porte, se dirige vers son endroit habituel et y prend place. Elle observa un moment de silence, le temps de se caler dans ses coussins et de reprendre son souffle, puis elle dit:

- Hadj vient de rentrer, il paraît de bonne humeur... Tu devrais la prochaine fois sortir pour lui baiser la main, c'est ton père, ne l'oublie pas ma chérie!

Halima acquiesce de la tête. Et comme elle ne dit rien, Lalla Rhita ajoute:

- Sois tranquille mon enfant, ce n'est pas lui qui a fait la remarque, mais j'aimerais que tu te conduises comme la fille de bonne famille que tu es.

Puis de continuer après un instant de silence:

- Par contre, il soutient, comme toujours d'ailleurs, qu'il n'est pas bon de s'enfermer trop longtemps dans la chambre. C'est malsain, qu'il dit. Selon lui, je devrais t'initier aux travaux ménagers et t'apprendre, entre autres, à confectionner de bons plats. Hadj est si brave, mais je lui trouve parfois de ces idées... franchement impayables. Il croit que de faire un travail d'artiste est aussi facile que de réaliser une transaction commerciale... Mais rassure-toi ma chérie, ta maman est là pour savoir ce que tu dois faire ou ne pas faire.

Elle tend son bras et prend la main de Halima, puis elle continue, s'émerveillant de sa verve:

- Mais enfin! Imagine-t-on de si jolis petits doigts trempés dans l'eau froide? Ou éplucher des pommes de terre? Non ma chatte, n'y pense jamais, et tant que je serai de ce monde tu occuperas la place qui convient à ton rang.

Après avoir soufflé un moment, elle enveloppe Halima d'un regard taquin et poursuit:

- D'ailleurs, dans deux ou trois ans tout au plus, les prétendants commenceront à se bousculer devant notre porte. Tu verras ma chérie comment je m'y prendrai, je veillerai personnellement au choix du parti le plus avantageux, je te garantirai le bonheur parfait... Tu verras!

Lalla Rhita, contente d'elle-même, observe Halima du coin de l'oeil. Un sourire béat lui tire les lèvres. La confusion qui assaille maintenant la jeune fille la remplit d'un plaisir aigu. Pour fêter le futur triomphe, elle tend sa main vers le plateau de pâtisserie posé sur un guéridon. Les gros doigts hésitent un instant au dessus d'une *briouat* [1] et d'un *kahk* [1], mais s'emparent finalement d'une *corne de gazelle* [1] saupoudrée de sucre fin. Lalla Rhita porte aussitôt le gâteau à ses lèvres tendues et, l'oeil fuyant, elle commence à mâchonner avec un gloussement de satisfaction. Après quelques secondes d'un abandon total au plaisir d'une mastication dont elle tire tant de volupté, elle fait un geste de la main pour exhorter la jeune fille à se servir. Elle baragouine d'une voix empâtée:

- Sers-toi ma biche, tu as besoin de t'étoffer un peu, une bonne reproductrice se voit à l'ampleur de ses hanches et à sa poitrine qui doit être débordante de féminité. Tu sauras un jour que les hommes, quoiqu'ils tentent de nous cacher, ne restent pas tout à fait insensibles devant les rondeurs. Tâche de t'en souvenir!...

La tête haute à présent, et pleine d'une morgue certaine, elle égrène un petit rire emprunté, comme pour dire:

- Ces gros biceps ont beau se prendre des airs, nous les connaissons quand même.

Et, au milieu du silence à peine troublé par la rumination placide de la vieille femme, Halima rougissante, essaye de détourner la discussion. Elle dit en souriant:

- Je n'ai jamais eu un vrai penchant pour les sucreries. Les gens de la ville sont très friands de pâtisseries, par contre ceux de la province n'en consomment que rarement.

Pendant que la jeune fille explique, Lalla Rhita, dont les mâchoires sont encore en action, donne de légers coups de menton pour montrer qu'elle a compris.

1- pâtisseries marocaines

CHAPITRE II

Hadj Boubker dirigeait sa maison comme l'avait fait son père et son grand père et menait la vie grave d'un patriarche. Malgré la soixantaine bien sonnée, l'homme était resté droit. Il avait gardé les yeux vifs et le même teint qu'un quinquagénaire bien portant. Affronter du matin au soir les singulières fatigues de la vie des affaires, il le pouvait, comme autrefois. Tout le monde à la maison le craignait parce qu'on ne l'avait jamais vu plaisanter, ni sourire. Il ne se départait jamais de son air roide d'homme respectueux qui se croit investi de pouvoirs ésotériques. Dans le commerce, il se pavanait en maître incontesté des affaires. Ses amis le respectaient; ils préféraient l'avoir de leur côté, profitant de son envergure, de sa grande expérience ou de son soutien. Ses ennemis le redoutaient, car les coups bas dont il usait parfois, étaient irrémédiablement destructeurs, voire mortels. La seule personne de son entourage de travail, à qui il manifestait quelques égards, était Hadj Thami. Autrefois, les deux hommes, guidés par le même instinct, s'étaient furieusement rudoyés dans les salles de vente. Mais à la longue, ils avaient opté tacitement pour la trêve, réalisant en fin de compte qu'ils étaient de la même trempe, de la même race, et par conséquent ils ne pouvaient se bouffer entre eux.

Hadj Boubker avait veillé personnellement à l'éducation de ses fils afin, disait-il, de porter haut le Nom de la famille. Cependant, ni dans leur prime jeunesse, ni plus tard, ils ne l'avaient senti manifester à leur égard le moindre épanchement paternel. De cela était née une froideur latente dans leurs relations que d'aucun ne soupçonnait. Alors, ils étaient restés à l'écart et ne venaient que rarement à la maison, reportant à chaque fois leurs visites, en raison, avançaient-ils, des affaires qui les retenaient dans la capitale économique.

Cependant, un samedi matin, une effervescence inhabituelle fit bourdonner la grande demeure; les domestiques étaient à l'oeuvre depuis l'aube, les parterres lavés à grande eau, les tapis époussetés. La veille, on avait fait venir de la ferme un gros mouton qu'on égorgea.

Au début de l'après midi, une grande limousine longea la ruelle, ameutant tout le quartier, puis vint s'immobiliser devant le grand portail. Les deux frères, accompagnés de leurs épouses, avaient décidé enfin de rendre visite à leurs parents. Cet événement, car c'en était un, puisque depuis leur installation dans la ville industrielle, c'était la deuxième fois qu'ils arrivaient ensemble, le patriarche voulait le célébrer d'une manière tout à fait particulière.

Lalla Rhita attendait depuis longtemps ce jour. Maintenant qu'elle avait éduqué sa «fille» et lui avait inculqué les manières du beau monde, elle voulait créer la surprise, en présentant à toute la famille réunie, la fillette qu'elle avait ramené de la ferme. Avant de quitter Halima, elle lui dit:

- Tâche de ne pas déranger ta coiffure, reste toujours droite quand tu marches. Je vais partir au salon et tu me rejoindras dans un quart d'heure. Une fois là-bas, tu baises les mains de ton père, ensuite tu t'inclines devant tes frères, enfin tu salues leurs épouses, mais celles-là, le plus normalement du monde.

Puis elle marmonna doucement, comme si elle

s'adressait à elle-même:

- Il faut que ces deux guenons sachent, une fois pour toutes, que tu fais partie de la famille, et bien plus encore.

La pièce où Halima pénétra, était immense. Les murs richement décorés, étaient lambrissés de céramique et, du plafond à charpente de bois sculpté, pendait un imposant lustre en cuivre dont les myriades de cristaux de verre brillaient de mille éclats.

Hadj Boubker s'était toujours refusé à déménager de cette grande maison de l'ancienne médina de Salé pour s'installer de l'autre côté du fleuve, à Rabat [1], dans sa villa du quartier résidentiel Souissi, malgré l'insistance de ses deux fils. Un petit malentendu s'était d'ailleurs créé à ce propos après leur retour d'Europe. Ils en voulaient à leur père de s'entêter à loger dans cette demeure du siècle dernier, à l'extérieur aveugle qui donnait l'impression d'une vieille citadelle.

Lorsque Halima s'apprêta à prendre place à côté de sa protectrice, après avoir exécuté à la lettre ce que celle-ci lui avait recommandé, Hadj Boubker, qui n'avait rien perdu des yeux, resta stupéfait par les gestes délicats et la beauté de la jeune fille. Jusqu'à présent, il ne s'était jamais intéressé à sa présence dans la maison et, depuis la dernière fois qu'il l'avait entrevue, elle paraissait avoir grandi; la fillette pâle et chétive d'autrefois s'était métamorphosée en une belle jeune fille avec une jolie frimousse bien blanche, une peau veloutée, de grands yeux noirs aux cils bien fournis, et des formes bien proportionnées d'une nymphe.

Pendant un instant la discussion s'était figée; un lourd climat de gêne s'était installé. C'était normal, car au début, Hamid et Karim s'étaient opposés eux aussi à l'arrivée de Halima dans la maison. Ils n'avaient toujours

---

1- Les villes de Salé et Rabat sont situées des deux rives du fleuve Bouregreg, à son embouchure.

pas changé d'avis s'il fallait juger par les regards dédaigneux qu'ils jetaient parfois à la jeune fille. Leur agacement se trouvait maintenant accentué par cette tendresse que leur mère lui portait et qu'ils jugeaient outrancière.

Lalla Rhita réalisa que la situation avait plutôt évolué dans le sens contraire et songea qu'il fallait agir au plus tôt pour dégeler le climat. Elle se tourna vers son fils aîné et rompit le silence par un petit rire emprunté:

- Hé hé, tu la reconnais Hamid? Notre petite Halima a poussé depuis ta dernière visite!

- C'est la fille des fermiers? interrogea Karim, avec un sourire sarcastique qu'il abandonna aussitôt.

Un lourd silence régna dans la pièce, aucune parole n'avait été échangée. Lalla Rhita n'imaginait pas que son fils cadet pouvait être à tel point dénué de caractère pour poser une question aussi impertinente. Elle décida malgré tout de garder son assurance bienheureuse:

- Ah! c'est que je m'en suis occupée depuis le temps. Outre qu'elle a appris à lire et à écrire, elle n'a pas son égale maintenant dans l'art de la broderie; il faut la voir à l'oeuvre, quel talent mon Dieu! Quel talent!

- Ah bon! fit le jeune homme d'une voix dont l'intonation déconcerta Lalla Rhita.

Elle avait fait confiance au travail pacificateur du temps. Le patriarche, lui-même, n'avait-il pas depuis un certain temps cessé de lui faire des insinuations sur ce qu'il appelait vivre dans l'indolence?. Elle constatait maintenant qu'il n'en était malheureusement rien. Elle reprit son courage mais restait tout de même serrée à la gorge. Elle décida de jouer une autre carte; elle susurra:

- Sais-tu, mon fils, que les maux de tête qui me faisait tant souffrir ont disparu comme par enchantement, depuis que je me suis mis à m'occuper avec Halima de toutes ces choses si attrayantes?

En effet, avant l'arrivée de la jeune fille, la vieille femme s'ennuyait tellement qu'elle était retournée à un état d'enfance gâtée. Le refoulement imposé à sa tendresse l'avait considérablement diminuée. Une petite maladie, si bénigne qu'elle fût, un simple rhume, la moindre piqûre d'insecte, la rendait grincheuse, pleurnicharde, et quand cela arrivait, c'était un événement connu de toute la maison. Les choses avaient changé depuis l'arrivée de Halima qui sut tenir son rôle; elle la dorlotait, la veillait, la dodelinait, la chouchoutait et surtout l'occupait.

La discussion reprit pimpante entre les trois hommes. Cependant, lorsque la question de la villa du Souissi fut abordée, le climat se tendit quelque peu. Hamid qui semblait avoir mûri la question, partit cette fois plus loin en faisant miroiter à son père les bénéfices qu'on pouvait tirer de cette demeure de la Médina si on la transformait en une maison des fêtes ou en un restaurant marocain pour touristes étrangers en quête d'exotisme. Pour la première fois, le patriarche semblait accorder quelques intérêts aux suggestions de son fils aîné et promit qu'il allait reconsidérer la question.

Pendant ce temps, Lalla Rhita bouillait; la discussion partait dans une autre voie et elle ne savait comment la juguler. Toutes les esquisses qui lui venaient à l'esprit étaient banales. Elle se tourna vers sa protégée et lui souffla à la dérobée:

- Va m'attendre dans le petit salon. Ne garde pas cet air là, souris au moins lorsque tu les salues.

Puis elle fit à haute voix, de façon à être entendue par tout le monde:

- Mets de côté le Fassi [1] et reprends le Yougoslave [2], je te rejoins dans un moment.

Lorsque Halima prit congé et qu'elle s'éloigna, Lalla Rhita fit quelques «hum» que personne ne remarqua. Alors, perdant subitement sa patience, elle prit un verre vide et déclencha sur le bord du plateau à thé une sonnerie argentine. Tout le monde se tourna promptement

---

1- broderie de Fès

2- broderie d'inspiration yougoslave

vers elle, stupéfait. Dans le silence qui s'ensuivit, la voix de la vieille femme se fit entendre, grave, soutenue:

- Karim! Mon fils Karim! Veux-tu m'écouter un instant?

Puis le ton se fit plus doux et elle continua:

- J'ai comme dans l'idée que tu n'as pas encore accepté Halima dans notre famille, je ne comprends pas ton refus.

Le jeune homme qui était en pleine discussion avec son père juste avant l'intervention bruyante de sa mère et qui ne s'attendait pas à de tels propos, baissa les yeux, le temps de trouver une réponse satisfaisante. Il prit un air ennuyé et dit en ponctuant ses paroles:

- Mère! Personne ne déteste cette... je veux dire que je n'ai rien contre cette fille. Tout ce qu'il y a... c'est qu'on n'arrive pas à comprendre la place qu'elle occupe dans cette maison. Excuse-moi, mère, pour cette franchise, mais c'est ainsi.

Et alors, la vieille femme, ostensiblement découragée, fit d'une voix plaintive:

- De soeur, tu n'en as pas mon fils, j'aurais tant voulu que toi et ton frère considériez Halima comme telle, elle est si douce, si attachante.

Puis, s'apitoyant sur son sort, elle bégaya:

- J'aurais voulu avoir une fille de mon sang, mais Dieu ne m'en a pas donnée. Halima est venue comme un don du ciel. Mais, poursuivit-elle dans un soupir, il me semble qu'on ne peut jamais fuir son lot d'infortune inscrit sur le livre du destin.

Un silence épuisant retomba dans la grande pièce. Lalla Rhita reprit en passant sa main sur le bord du plateau, comme pour essuyer une poussière imaginaire:

- Pourtant il n'y a qu'un pas, ce serait parfait si... les enfants faisaient preuve d'un peu de compréhension envers une mère qui a souffert de la solitude...

Pendant que Lalla Rhita parlait, le patriarche lui décochait à chaque fois des regards pointus, la sommant de cesser ses jérémiades. Il eut beau esquisser des mimiques, il n'en fut rien. Il finit par hausser les épaules, convaincu que rien ni personne ne pouvait arrêter l'échauffement de son épouse.

Les deux autres femmes que la présence du patriarche avait quelque peu désorientées, faisaient de leur mieux pour manifester quelque intérêt pour une conversation à sens unique. L'épouse de Karim qui voulait soulager son mari pensa qu'il était nécessaire de détourner le débat. Elle profita d'un moment où sa belle-mère reprenait son souffle pour glisser avec circonspection:

- C'est la jeune fille qui a fait cette tapisserie?

Le visage de Lalla Rhita s'illumina; pour une fois quelqu'un semblait s'intéresser à sa «fille». Elle égrena un petit rire qui raisonna dans la grande pièce. Puis, l'air matois, elle confia:

- Oh oui! C'est elle. Il n'y a rien à dire, n'est-ce pas? Un petit chef-d'oeuvre, et d'un goût merveilleux, vous ne trouvez pas? Oui, poursuivit-elle avec enthousiasme, c'est très beau, mais ce n'est encore rien devant l'ouvrage qu'elle est en train de finir en ce moment.

- Un travail difficile et compliqué, fit l'autre, elle a sûrement suivi des cours de broderie pour apprendre tout cela.

D'un air docte, et pénétrée par son importance, Lalla Rhita enveloppa son interlocutrice d'un regard mielleux. Elle susurra:

- Hé hé, son maître est là, devant vous... Il m'a fallu faire preuve d'une longanimité sans faille. Ah! fit-elle dans un gros soupir, c'est que dans le temps où c'était le temps, on apprenait tout avant le mariage.

Elle jeta ensuite un regard circulaire, comme pour tenir l'assistance à témoin et continua:

- Du temps de ma jeunesse, les mères avaient pour devoir d'initier leurs filles aux travaux ménagers. Très tôt, la jeune fille savait cuisiner et la confection des meilleurs plats traditionnels n'avait aucun secret pour elle. Pour vous dire, continua-t-elle sémillante, bien que dans notre famille nous avions eu parmi nos domestiques des cuisinières de grande qualité, je n'avais pas pour autant échappé à la règle. La jeune fille était ensuite initiée à l'art de la broderie. L'apprentissage commençait dès le jeune âge par de simples figures géométriques pour aboutir, quelques années plus tard, à des dessins élaborés d'inspiration yougoslave ou chinoise.

Elle s'arrêta un moment pour reprendre son souffle puis elle fit dans une grimace:

- Allez voir si aujourd'hui une jeune femme sait tenir une aiguille. Quant à la cuisine! N'en parlons pas; la meilleure de toutes ne sait même pas accommoder une *harira* [1].

Maintenant qu'elle avait dit ce qui lui tenait à coeur, elle se taisait de nouveau. Mais le sourire qu'elle arborait, la rougeur animée de ses bajoues, les regards pleins de signification qu'elle jetait furtivement à ses belles filles, semblaient démontrer son bonheur, le bonheur d'avoir mis à nu le comportement de ces petites arrivistes qui viennent récolter les fruits de tant d'années de soins et de peine qu'une mère a enduré pour élever ses garçons avant qu'ils ne deviennent des hommes.

Lalla Rhita était convaincue que du sommet de ses occupations elle dirigeait le patrimoine artistique, conservait son authenticité. Tandis que les autres, notamment toutes ces femmes européanisées, étaient perdues dans ce monde, sans identité aucune. Elle se plaignait souvent de l'attitude désinvolte de la femme d'aujourd'hui. Aussi, lorsqu'une occasion comme celle-ci se présentait, elle ne manquait pas de fabuler:

- A vouloir imiter la colombe, le corbeau a perdu sa démarche.

Hadj Boubker reprochait depuis quelques temps à son épouse ses parodies loufoques, ses discussions byzanti-

---

1- soupe

nes. Il savait qu'elle était arrivée à un âge où bon nombre de femmes deviennent hantées par une forte propension au bavardage. Mais tout de même, s'accaparer toute seule de la discussion, devant la famille réunie, sans laisser le soin à quiconque de placer la moindre parole, ça passait les bornes.

Les mimiques discrètement esquissées n'avaient donné aucun résultat.

- Se taira-t-elle? pensait-il.

Avec enivrement, il commença à dénombrer en mémoire les défauts de sa vieille épouse. Il s'emporta intérieurement contre elle, tant et si fort que l'idée qu'il avait caressée quelques années auparavant vint le hanter maintenant. Il voulait se remarier, prendre une deuxième épouse, «rénover sa couche», comme se plaisait à dire avec gaillardise son ami Hadj Thami. Et à propos de celui-là, il était bien marié à deux femmes, son train-train de vie ne s'en portait qu'à merveille. Quant aux conditions édictées par la loi, il pensait pouvoir les remplir, sans aucun problème. Mais une fois encore il pensa à la famille, à ses deux fils qui étaient devenus des hommes, et à tous ces déchaînements que provoquerait une telle décision. Et plus il regardait la face bouffie aux bajoues flasques et luisantes de sa vieille épouse, plus il regardait son corps difforme, et plus l'idée s'infiltrait dans sa logique.

Une fureur longtemps contenue le souleva contre cette femme qui depuis belle lurette ne partageait plus rien avec lui, et contre tous les racontars des autres. L'esprit d'arguties prit le dessus:

- Ne suis-je pas le maître? L'honorable Hadj Boubker connu de tous? Je n'ai de compte à rendre à personne moi! Pourquoi me priverai-je donc? Toutes les lois sont de mon côté, non seulement elles me donnent le droit de prendre une deuxième femme, mais une troisième et une quatrième si le coeur m'en dit.

Puis il s'attendrit sur son sort:

- C'est elle la fautive... Je ne vais tout de même pas m'acoquiner comme certains, m'engouffrer dans le péché... Je suis un homme moi et le Seigneur voit bien tout cela.

Dans sa rêverie, Hadj Boubker fut transporté quelques dizaines d'années en arrière; il revit les premiers temps de son mariage avec la jeune Rhita. C'était un mariage de raison certes, car autrefois l'amour et l'affection étaient remplacés par ce sens sacré de l'intérêt commun, mais malgré tout cela, malgré son aspect grassouillet, la mariée était alerte, dévouée, ayant pour son époux un respect grave, presque de la soumission. Il la revoyait encore le recevant sur le pas de la porte, toujours un bon mot à la bouche, époussetant sa *djellaba*, s'inquiétant lorsqu'il avait l'air fatigué, préparant le baquet d'eau chaude pour ses pieds. Et plus il songeait à ce passé, plus un sentiment de frustration lui montait à la tête. Où étaient donc ces nuits pleines de félicité? Plus rien ne restait maintenant! L'existence tournait à la dégradation, une chute continue, un avachissement complet. Et cette tendresse, plus qu'excessive, qu'elle portait à la fille des fermiers! Ah! Il ne manquait plus que ça. Et plus il y pensait, plus une rage sourde s'insinuait en lui. Le visage appuyé sur la paume de sa main, il exhala un long soupir:

- Après tout, se dit-il, si ça l'amuse de s'encombrer des enfants de Jean foutre, c'est son affaire, seulement moi, Hadj Boubker, je ne veux en aucun cas être le dindon de la farce.

CHAPITRE III

Soixante-six, soixante-sept, soixante-huit... Lalla Rhita et Halima étaient absorbées par le comptage des points d'aiguille. Elles étaient penchées sur un nouvel ouvrage, leurs têtes se touchant presque. C'était la troisième fois qu'elles reprenaient le fastidieux travail de dénombrement. De l'avis de Lalla Rhita, cette tâche était plus que nécessaire pour réussir le dessin linéaire particulièrement ardu dont l'esquisse figurait sur une grande feuille de papier.

- Cent-douze, cent-treize...

Tandis que les lèvres de Lalla Rhita formulaient une sorte de sourde incantation, un toussotement d'homme fit tressaillir les deux femmes. Elles dressèrent vivement leurs têtes. Hadj Boubker était dans l'encadrement de la porte.

Englouties dans leur minutieux travail comme en eau profonde, aucune d'elles ne s'était aperçue de la présence du patriarche. Pourtant il était là, depuis de longues minutes à les observer attentivement, tantôt l'une, tantôt l'autre.

Hadj Boubker n'avait jusqu'à présent montré aucun intérêt pour ces choses dont s'occupait son épouse et auxquelles elle consacrait la quasi totalité de son temps. Sans toutefois manifester un quelconque agacement, il ne se sentait pas moins frustré, lésé, abandonné. Dans la grande demeure la vie s'écoulait tranquillement et le vieux couple vivait dans un bonheur mitigé, celui-là même qui cache parfois des gouffres sans fonds.

Le sourire des grands jours aux lèvres, il s'avança dans le petit salon. Lalla Rhita stupéfaite, le regardait avec de grands yeux. Pour elle c'était inouï, car depuis l'arrivée de Halima, cinq années plus tôt, le patriarche ne s'était jamais aventuré dans cette pièce. Avant qu'elle ne prononçât une parole, il s'avança encore de quelques pas et prit place sur un sofa. Il avait l'air affable et avenant:

- *Ma-cha-Allah*[1] ! *Ma-cha-Allah*[1] ! gloussait-il, quelle merveille vont encore nous sortir ces dames? Je parie qu'elles sont en train de mettre la dernière main au plus beau chef-d'oeuvre que les femmes de Salé aient exécuté.

- Oui, fit Lalla Rhita dans un souffle.

L'arrivée impromptue de Hadj Boubker et les propos tellement élogieux qu'il avait prononcés émoustillèrent la vieille femme. Son visage était épanoui.

Hadj Boubker allongeait la tête pour regarder de près la broderie, tandis que ses doigts fourrageaient dans sa barbe blanchissante. Au bout d'un instant, il s'exclama avec un air d'ostensible intérêt:

- Mais ma foi, c'est plus qu'un travail d'orfèvre que vous faites là, quel goût raffiné mon Dieu! Quel goût!...

- Ah! fit Lalla Rhita fortement chatouillée par ces belles paroles, à la bonheur! C'est un grand jour... Mais qu'est ce qu'on attend pour offrir le lait et les dattes à notre illustre admirateur?

- Ce sera pour une autre fois, ce sera pour une autre fois, répétait-il d'un ton cauteleux, je ne veux en aucun cas abuser de votre temps, vous qui êtes si hautement occupées. Je passais juste pour vous dire bonjour. J'avoue mon ignorance de toutes ces jolies choses, mais ce qui a

---

1- par la volonté de Dieu

attiré mon attention, c'est la position dans laquelle vous étiez, penchées sur votre chef-d'oeuvre, religieusement absorbées, et cela m'a beaucoup touché. J'ai pensé que la moindre des choses est de vous offrir mon soutien moral. Voilà tout...

Lalla Rhita était aux anges. Le regard en coulisse, elle chuchota à Halima:

- Dis quelque chose ma chérie, souris au moins.

Pour masquer son esquisse, elle poussa une sorte de hennissement qui aurait pu passer pour un éclat de rire. Hadj Boubker, pour qui l'ébauche n'avait pas échappé, fit semblant de n'avoir rien compris. Il dit alors en s'adressant à la jeune fille:

- Et bien Halima, il me semble que tu es devenue une virtuose dans l'art de la broderie.

Une rougeur virginale envahit le front de la jeune fille. Elle balbutia les yeux baissés:

- Tout l'honneur vous revient, père.

- Euh... non, fit-il apparemment contrarié, ne serait-il pas mieux de dire *Azizi* [1], n'est ce pas?

- Oui, *Azizi*, acquiesça Halima, tu es trop bon pour moi.

Pendant que la jeune fille prononçait ces quelques paroles, Hadj Boubker avait les yeux rivés sur elle. Il s'émerveillait de la ligne parfaite des contours de la bouche, des coins humides des lèvres, de la blancheur transparente de la dentition et surtout de cette malicieuse façon de cligner des yeux lorsqu'elle parlait. Il était littéralement subjugué par cette fraîcheur et cette beauté. Il ne put s'empêcher de penser au visage bouffi de sa légitime épouse, à sa bouche usée et à son râtelier branlant.

Quelques instants plus tard, il se leva pour prendre congé, visiblement satisfait de ce premier contact. Halima, rouge de confusion, se leva aussi. Tandis que Lalla Rhita,

---

1- *bien-aimé au sens filial*

le visage en feu par l'effort, tentait d'extirper sa lourde masse de la banquette gémissante. Quand elle fut debout, elle observa un moment pour égaliser son souffle, puis elle exulta:

- Nous espérons te revoir plus souvent ici afin de nous donner ton avis, ton soutien nous serait d'une grande utilité.

- Sans doute, sans doute, je reviendrai, opina Hadj Boubker.

En se retournant vers la sortie, il murmura doucement, si intérieurement qu'aucune des deux femmes ne l'entendit:

- Pour sûr que je reviendrai, pourquoi m'en priverai-je?

Il quitta alors la chambre et lorsqu'il fut loin, Lalla Rhita se frotta les mains, convaincue que sa patience avait enfin porté ses fruits. Dans peu de temps, elle pourrait faire enregistrer Halima dans le carnet d'état civil pour en faire légalement sa fille. Et pendant qu'elle était encore à savourer un avenir tout rose, elle exulta bruyamment:

- Tout est bien qui finit bien! Ma patience et ma pugnacité ont fini par payer.

Cependant, au fond d'elle-même, elle ne put chasser un malaise qui la tourmentait, diffus, presque viscéral et qui ne cessait de grandir à mesure que le temps passait. Son visage s'assombrissait et se détendait tour à tour; un combat intérieur s'opérait en elle. Et malgré qu'elle eut repoussé avec force les idées qui la hantaient et qu'elle avait jugées grotesques, plusieurs questions restaient néanmoins sans réponse. En fait, Lalla Rhita s'interrogeait surtout sur le brusque intérêt qu'éprouvait son époux pour Halima, et un doute toujours plus corrosif s'installait en elle.

Lalla Rhita eut beau réfléchir, elle ne trouva aucun indice qui pût l'éclairer. Elle finit par hausser les épaules. Sa main passa devant son visage comme pour chasser une mouche invisible. Un air de douceur et de résignation vint anoblir ses traits; elle se sentait gagner peu à peu par la confiance et le soulagement.

- Que Dieu maudisse Satan, se dit-elle, Hadj Boubker a sûrement bien réfléchi. Et puis qui peut avoir le coeur de ne pas éprouver de l'affection pour ma petite Halima, si douce et si attachante? Je savais qu'il finirait un jour par l'aimer, comme sa propre fille.

Les prunelles de Lalla Rhita s'éclairèrent comme le lever de l'aurore, un espoir sorti des profondeurs de son être. Elle était aveuglée par l'incommensurable désir d'avoir une fille bien à elle.

Le restant de la journée se passa dans la bonne humeur. La vieille femme retrouva cette verve foisonnante qui l'avait quittée depuis la visite de ses fils. A l'époque, elle avait été rabrouée par l'attitude hostile de ces derniers et par le mépris qu'avait affiché le patriarche. Depuis lors, elle était restée dans une expectative désagréable et un repli défensif sur elle-même. Pour l'instant un nouvel horizon s'ouvrait devant elle; son voeu allait être enfin exhaussé. Elle savait que si le patriarche donnait son absolution, tout le reste de la famille suivrait indubitablement.

Lalla Rhita était épanouie, sa langue se délia comme dans le bon vieux temps:

- Ah! Ma petite fille, confia-t-elle à Halima, malgré les apparences ton *Azizi* est un brave gars. C'est tout à fait normal lorsqu'on a des origines aussi illustres que les siennes, ainsi que les miennes d'ailleurs. Nos ancêtres étaient de la noblesse andalouse, celle qui vivait dans la prestigieuse ville de Grenade.

Halima qui avait décelé une vibration dans la voix de la vieille femme, demanda avec un ostensible intérêt:

- Pourquoi ont-il quitté ce beau pays?

Et soudain Lalla Rhita se rappela que sa "fille" ne savait rien de l'Andalousie et qu'il était pour elle plus qu'un devoir de lui transmettre ce que ses parents à elle lui avaient conté. Elle s'échauffa en pensant aux perspectives heureuses de discussions qui s'ouvraient devant elle.

Le restant de la journée et le lendemain, elle parla avec force détails de l'Andalousie et des premières conquêtes arabes de l'Espagne. Elle commenta la harangue épique de Tarek ibnou Ziad devant les armées conquérantes, après la traversée de la mer et la mise à feu des embarcations : *« à vos talons il y a la mer, en face de vous il y a l'ennemi, qui choisirez-vous donc d'affronter?»* Elle parla de la grande civilisation andalouse, de la ville de Séville et de sa grande mosquée Giralda, de Cordoba et de son architecture, de Malaga et de son commerce florissant, de Grenade rayonnante de culture et de son palais d'Alhambra, puis de plusieurs autres cités de moindre importance, expliquant que les forteresses et palais, majestueux encore, portaient témoignage du luxe des ancêtres. Elle parla aussi de la richesse des effets vestimentaires des andalous, de la poésie, des bijoux et de la musique. Elle énuméra les onze *nouba* de la musique *al ala,* fredonna un air de *rami el maya* et un *isbihan maya* et promit à Halima dans un soupir bienheureux de lui faire connaître cette musique:

- C'est nécessaire pour une fille de bonne famille comme toi, lui expliqua-t-elle.

Elle se lamenta ensuite lorsqu'elle aborda la décadence de ce peuple cultivé, un peuple bien en avance sur son temps:

- Les ennemis de l'Islam ont semé la discorde au sein des Mamelouks pour occuper l'une après l'autre leurs villes. Grenade, là où résidaient mes aïeux, que Dieu les ait en sa sainte miséricorde, résista longtemps aux assauts des hordes *Roumis* avantagées par le nombre.

Elle raconta les rudes épreuves de l'exode, feignant essuyer une larme lorsqu'elle raconta l'anecdote des immigrants qui avaient ramené dans leurs bagages les clés de leurs maisons:

- Ils n'avaient jamais perdu l'espoir de retour, soupira-t-elle, un puéril espoir avec lequel ils avaient meublé le restant de leurs existences.

Elle décrivit avec une grande compassion le départ déchirant de ses ancêtres, la traversée du détroit de Gibraltar sur de petites embarcations jusqu'aux environs de la ville de Mellila et enfin le dur voyage à dos de mulet, à travers les montagnes du Rif et les pistes infestées de brigands jusqu'à la ville de Fès, puis Salé.

Les visites de Hadj Boubker devinrent de plus en plus fréquentes. A chaque fois il se montrait encore plus attentionné. Lalla Rhita, intarissable, profitait de l'aubaine et rattrapait, en quelque sorte, le retard perdu. Elle n'imaginait pas qu'elle pouvait importuner quelqu'un en lui parlant de sa fille et de ce qui était sa marotte: la broderie. Hadj Boubker acquiesçait, l'air attentif et calme. Mais par moments, son regard brûlant se posait sur la jeune fille. Lalla Rhita ne voyait rien; sa naïveté de femme dont l'esprit ne franchissait jamais l'horizon de sa maison la mettait à l'abri de la méfiance. Elle n'avait qu'un but, celui de voir Halima devenir légalement sa fille. Alors, armée de patience, elle attendait le moment propice pour prendre son époux à part et lui parler de l'adoption.

L'occasion s'offrit un soir, après le dîner. Lalla Rhita attendit que Halima eût pris congé et, lorsqu'elle fut seule avec le patriarche, elle s'approcha de lui, un grand sourire aux lèvres. Elle avait l'air précautionneux car c'était la deuxième fois qu'elle voulait l'entretenir du sujet qui la préoccupait. Les réponses évasives qu'elle avait reçues lors de sa première tentative n'étaient guère rassurantes. Elle lui posa sa main sur l'épaule, avec tendresse:

- Tu sais, fit-elle pour commencer, lorsque Halima est arrivée, elle ne savait rien, absolument rien. Elle ignorait même comment enfiler une aiguille. Par sa persévérance, et aussi la mienne, elle est devenue une artiste de grande valeur, je dis bien de grande valeur et je ne mâche pas mes mots.

Elle en vint ensuite à ce qui lui tenait à coeur, elle dit avec beaucoup de circonspection:

- Tu sais Hadj, il me tarde de voir ce cher voeu se réaliser. Peux-tu me dire combien de temps prendrait une telle procédure?

A l'expression de son visage, on sentait que le vieil homme pâtissait; il cherchait péniblement une explication quelque peu cohérente. Il finit par se réfugier dans un coin de mensonge:

- La procédure est déjà engagée, et une telle entreprise requiert beaucoup de temps.

Puis il poursuivit après un moment de silence:

- Commence, lui conseilla-t-il, par l'initier à la direction des affaires de la maison. Je pense qu'elle te soulagera un peu de ces menus travaux. Et puis... il me semble qu'il faut penser à son avenir.

A cette suggestion, l'énorme carcasse de Lalla Rhita fut ébranlée par un rire, produisant un bruit étrange qui ressemblait presque à un caquetage et faisant frémir le triple menton et les bajoues. La réponse du patriarche la rassura tout à fait. Pour elle, c'était on ne peut plus clair, l'absolution était donnée. Elle commencerait dès le lendemain à initier sa fille à la direction de la maison. Elle l'imagina aller et venir, fustigeant les domestiques, donnant des ordres. A cette idée, une vague de joie déferla en elle. Les traits du patriarche se détendirent, maintenant que toute gêne avait disparu pour céder la place à un climat de bonne cordialité, une tranquillité bonhomme.

Halima grandissait et devenait de plus en plus belle. A l'âge de seize ans, elle avait déjà l'allure d'une jeune femme. Lalla Rhita lui avait confié le lourd trousseau de clés de la grande demeure, ce qui symbolisait une passation tacite des pouvoirs de maîtresse de maison. Elle allait aux cuisines, vérifiait la chambre des provisions, donnait des ordres et rendait toujours compte à

Lalla Rhita. Par la suite, elle prit l'habitude de recevoir Hadj Boubker sur le pas de la porte, comme le faisait jadis sa protectrice. Et pendant qu'elle époussetait sa *djellaba*, elle lui demandait des nouvelles de sa santé, puis faisait venir le baquet d'eau chaude pour qu'il y macérât ses pieds et faisait nettoyer ses babouches. Elle se réveillait aux premières lueurs du jour pour chauffer l'eau des ablutions et préparait elle-même son petit déjeuner.

Halima prit goût à ses nouvelles fonctions et se sentait de jour en jour assurée davantage dans sa confiance. Elle était toujours après les domestiques, ne transigeait sur aucun détail, ne pardonnait aucune négligence, et chassait parfois l'un d'eux pour le remplacer par un autre. Elle faisait replacer les carreaux cassés ou dépolis, faisait badigeonner régulièrement les murs, fit planter des rosiers dans le petit jardin du patio et dressait pour la cuisinière les menus de la semaine, dans lesquels elle tenait rigoureusement compte des préférences culinaires du patriarche. Ainsi, le mercredi et le samedi il pouvait savourer le ragoût de poulet aux citrons confits et aux olives qu'il appréciait grandement. Rituellement à certaines périodes de l'année, Halima, laborieuse et infatigable, supervisait la préparation et le stockage des denrées alimentaires préalablement lavées, salées et soumises à diverses opérations savantes. Malgré ses multiples occupations, elle réserva une partie de l'après-midi pour faire de la broderie et écouter Lalla Rhita raconter les histoires de son vieux passé.

Une chaleur intime s'installa dans la grande demeure. Hadj Boubker ne pouvait cacher sa satisfaction. Il était content de la vie, du bonheur que Halima avait su créer autour de lui, content de ses affaires dont la prospérité actuelle ne pouvait être, à son avis, que l'oeuvre du bon génie de la jeune fille. Il était tellement heureux qu'il lui arrivait même de s'impatienter pour rentrer chez lui.

Halima, qui devinait son arrivée au son du lourd

marteau sur le bois de la porte, était toujours là pour le recevoir, affable, souriante et d'une politesse quasi révérencieuse. L'humeur de Hadj Boubker en devenait étoilée. Dans le plaisir qu'il éprouvait, il avait oublié le danger qu'il encourait, oublié qu'il pouvait être victime de ses impulsions perverses. Il y avait pensé au début, mais la beauté de la jeune fille avait dissous ses inquiétudes.

La fête de la *Achoura* [1] s'approchait. La veille, dans l'après-midi, Hadj Boubker rentra chez lui plus tôt que d'habitude, à un moment où personne ne l'attendait. Il trouva son épouse et Halima, dans leur coin habituel du petit salon. L'une qui pérorait à ne pas en finir, ne s'interrompant que pour reprendre son souffle. L'autre qui écoutait attentivement, sans se lasser, imprimant à sa tête un mouvement de va et vient en des signes d'acquiescement, ou ponctuant de monosyllabes ce monologue dans lequel sa participation n'était pas nécessaire. Hadj Boubker toussota pour signaler sa présence et les deux femmes stupéfaites, dressèrent subitement leurs têtes. Leurs yeux étaient agrandis de surprise. Il s'avança de quelques pas à l'intérieur de la chambre. Avant de prendre place, il se ravisa. Son visage prit un air d'inquiétude:

- Je ne vous ai pas effrayées au moins? fit-il doucement.

- Que non! Que non! répondit Lalla Rhita.

Il toussa un bon coup pour s'éclaircir la gorge. Puis il dit avec une ferveur qu'on ne lui avait jamais connue:

- Aujourd'hui c'est un peu spécial, j'ai tout abandonné pour venir prendre un verre de thé en votre compagnie.

- Mais avec le plus grand plaisir Hadj... D'ailleurs, poursuivit-elle sur un ton de doux reproche, j'ai toujours voulu te le dire, prends quelque temps pour toi, un peu de repos ne peut être que bénéfique pour ta santé.

Halima voulut prononcer quelques paroles de bienvenue mais une vague de pudeur déferla en elle. Alors, le visage empourpré, elle partit aux cuisines pour donner des ordres. Elle revint quelques instants plus tard, apparem-

---

1- 10è jour de l'Hégire

ment remise de la gêne de tantôt. Elle dit, les yeux baissés:

- C'est un grand jour *Azizi*, que Dieu te donne longue vie.

- Merci à vous deux, vous êtes si affectueuses.

Pendant ce temps, la vieille femme, empêtrée dans le fatras de ses idées, entendait sans écouter. Elle réfléchissait aux motifs qui avaient poussé le patriarche à quitter ses affaires pour venir perdre quelques moments avec elles:

- Il a sûrement quelque chose d'important à me communiquer, une bonne nouvelle sans aucun doute, son visage radieux le dit... Ca ne peut-être que les papiers de l'adoption et Il veut me faire la surprise...

Hadj Boubker lissa de sa main sa barbe. Il dit avec une douceur affectée:

- Vous savez que demain c'est la fête? Eh bien moi... je ne vous ai pas oubliées! Regardez un peu, fit-il en tendant à son épouse deux jolis écrins qu'il avait extrait de sa *choukara* [1], et vous m'en direz des nouvelles.

Lalla Rhita tressaillit. Un instant, son visage se rembrunit, mais il s'éclaira très vite. Elle ne pouvait, par sa nature féminine, rester indifférente à la vue d'un écrin et à l'idée de ce qu'il pouvait renfermer. Alors, oubliant son appréhension, elle ne put s'empêcher de minauder:

- C'est quoi, Hadj?

- Ouvre donc et tu découvriras par toi-même, répondit l'autre, énigmatique.

Un lourd silence régnait maintenant dans la pièce, à peine troublé par le léger bruit du fermoir que les gros doigts de Lalla Rhita s'enfiévraient pour ouvrir. Pendant ce temps, Hadj Boubker regardait la face luisante de sa compagne, ses bajoues frémissantes, comme si des comparaisons se faisaient dans son esprit. Et ses lèvres se pinçaient lamentablement.

N'étant pas arrivée au bout de ses peines, elle déposa le premier écrin et prit le second. Mais celui-là aussi refusa de livrer son secret. Après plusieurs tentatives infructueuses, elle poussa le tout devant Halima avec l'air de

---

1- fourre-tout traditionnel que les hommes portent en bandoulière

quelqu'un qui s'en voulait de s'être laissé compromettre dans une tâche bien au dessous de ses moyens. Elle dit:

- J'ai tellement de choses dans la tête que je n'arrive pas à me concentrer. De toute façon c'est à toi ma chérie que revient cet honneur. Ouvre donc et fais nous voir.

Halima tint l'un des écrins dans une main et effleura gracieusement de ses doigts le petit loquet. Elle tendit aussitôt le boîtier à sa protectrice en disant:

- Voilà, c'est fait, il n'y a qu'à soulever le couvercle.

La vieille femme, ne voulant pas tomber dans le même embarras que tout à l'heure, fit avec détachement:

- Vas-y ma fille, vas-y, ouvre donc toi-même.

Pendant ce temps, Hadj Boubker regardait tour à tour les deux femmes. Il constata que Halima, malgré ses origines paysannes, avait acquis, en un temps relativement court, une finesse dans les gestes et une assurance que son épouse n'avait pas, nonobstant son appartenance à la bourgeoisie *slaoui* [1].

Lorsque la jeune fille souleva avec beaucoup de précaution le couvercle, la lumière du jour fit irruption à l'intérieur de l'écrin et fit briller de mille reflets une très belle chaîne en or reposant sur un fond tendu de velours vert. Lalla Rhita qui ne pouvait rester insensible au panorama, ne put s'empêcher de réprimer un petit cri de joie:

- Oh! Merci...

Tout de suite elle se rappela du bon vieux temps où Hadj Boubker la comblait de cadeaux. Elle se remémora aussi le jour de son mariage, et surtout ce moment solennel où son époux, resplendissant de jeunesse, lui avait glissé un gros bracelet en or massif au poignet de sa main droite. Son coeur s'amollit et machinalement elle leva son mouchoir pour tamponner une larme qui perlait au coin de son oeil.

Hadj Boubker s'empara de l'autre écrin et l'ouvrit. Il contenait une chaîne identique à la précédente. Il dit obséquieusement:

1- de la ville de Salé

- Je ne sais pas si mon choix vous ravit, j'ai voulu vous faire la surprise.

Lalla Rhita, rougeoyante, fit signe à la jeune fille de s'approcher pour lui passer l'une des chaînes autour du cou. Pendant qu'elle s'affairait sur le fermoir, elle dit en s'adressant à son époux:

- Tu as été toujours généreux et bon, que Dieu te donne longue vie et te comble de tous ses biens.

Pendant qu'on buvait le thé à petites gorgées, Lalla Rhita devisa gaiement, elle ne toucha même pas aux petits gâteaux tant elle avait le coeur rempli de joie. Hadj Boubker raconta quelques anecdotes qui déclenchèrent l'hilarité des deux femmes. Lalla Rhita, extasiée, battait des mains.

La glace était rompue, Halima perdit la timidité qu'elle avait toujours éprouvée en présence du patriarche.

Les jours passèrent et Halima prit de plus en plus d'importance; elle grignota peu à peu les derniers pouvoirs de Lalla Rhita et finit par devenir la maîtresse incontestée de la maison. Lorsqu'on recevait des invités, c'était elle qui s'installait derrière le plateau pour présider la cérémonie du thé.

Hadj Boubker ne rentrait plus à la maison sans avoir au fond de sa *Choukara* une friandise pour elle. Il lui confiait qu'il n'était pas utile d'en parler à Lalla Rhita, ces bonnes choses ne lui étaient pas indiquées, à cause de son foie.

Au fil des jours, il commença à la gratifier de doux surnoms et sa large main de maître se détendait pour lui flatter la nuque, puis le creux du dos en s'y attardant chaque jour un peu plus longtemps. Le jour où il lui amena une bague en or, ses doigts fiévreux descendirent un peu plus bas.

Ces caresses goulues, dans le vestibule, procuraient au patriarche un plaisir inouï; son coeur battait comme un jeune homme à son premier rendez-vous galant. Halima prit l'habitude et ne se dérobait point à la luxure du vieil homme. Ces tendres attouchements paraissaient même stimuler ses instincts voluptueux.

CHAPITRE IV

Depuis son arrivée à la grande demeure, Halima n'avait jamais oublié ses parents, ses frères et ses soeurs. Parfois le chagrin lui serrait le coeur et elle s'enfermait dans la salle d'eau pour pleurer à chaudes larmes. Le souvenir semblait s'accentuer avec l'âge et ne la quittait presque plus. Quand il la traversait maintenant, il laissait des traces douloureuses, surtout la nuit, lorsqu'elle baignait dans sa solitude. Elle compatissait à l'idée que son père était durement exploité, malgré son âge avancé, et cette injustice la révoltait. Alors, plus le temps passait et plus elle devenait irritable devant l'étalage insolent de richesse qui s'offrait à ses yeux. Elle souffrait de voir ces ostentateurs de bourgeois se pavaner dans l'accessoire, alors que ses parents à elle et tant d'autres miséreux de sa tribu étaient réduits à trimer pour vivre comme des bêtes de somme. Il y avait des moments où la haine la prenait en dehors de sa volonté et enveloppait toute son âme.

Elle se sentait gênée quand elle pensait que le virus de la vie citadine s'était installé en elle, qu'elle ne pouvait plus réintégrer sa famille naturelle. Elle en voulait maintenant à ceux qui avaient été à la source de son déracinement, ceux qui lui avaient fait goûter à cette existence si aisée mais en même temps si pleine d'égoïsme, où chacun était parfaitement insensible, monstrueusement à la merci de ses impulsions perverses. C'était vrai, car un vieillard comme Hadj Boubker, de surcroît religieux et portant le prestigieux titre de Hadj, n'était-il pas l'image personnifiée d'un égocentrisme outré?

Hadj Boubker prit donc l'habitude de prendre la collation de seize heures en compagnie de son épouse et de Halima. Pendant que la jeune fille racontait une histoire, aussi banale fût-elle, il restait tout ouïes, détaillant de ses yeux de rapace affamé le contour des lèvres pulpeuses qui remuaient, se pâmant devant les beaux yeux noirs et le sourire éclatant de jeunesse. Il restait là, perdu dans les méandres de sa pensée, sa joue reposant sur la paume de sa main. Lorsque Lalla Rhita tentait de faire une remarque ou voulait tout bonnement donner son point de vue, il se tournait vers elle avec un geste d'humeur, ostensiblement indigné:

- chchch... Laisse la petite terminer, veux-tu?

Halima comprenait tout cela et décida d'étayer encore plus sa position; elle commença à exercer sur le patriarche les charmes de ses dix huit ans, qu'elle savait très grands. Lalla Rhita écoutait maintenant leurs discussions folâtres. Elle s'efforçait de ne plus rien dire, se renfermant dans sa dignité, terriblement vexée d'être sommée de se taire à chaque fois qu'elle voulait placer un mot. Elle ne pouvait chasser de sa vision le regard froid et l'attitude hargneuse que son époux prenait, lorsqu'il s'adressait à elle. Il y avait aussi cette façon de détailler Halima des yeux, de lui accorder toute son attention, de pouffer à propos de tout ce qu'elle disait... C'était plus qu'il n'en fallait pour semer une drôle d'appréhension dans son coeur déjà endolori. Malgré tout cela, elle restait lointaine, avec une sorte d'indifférence paisible, épiant du coin de l'oeil, tantôt le profil hiératique de son époux, tantôt l'expression volubile de la jeune fille. Vraiment, depuis quelque temps, elle se sentait rejetée, mise à l'écart dans la maison. Elle ne retrouvait plus ce climat d'acquiescement qu'elle avait l'habitude de rencontrer auprès de tous ceux qui l'entouraient. Elle avait maintenant l'impression d'être refoulée, comme une étrangère. L'idée que quelque chose se tramait à son insu s'ancrait de plus en plus dans sa tête. Elle espérait de tout son être que ce ne fût pour elle qu'une erreur d'appréciation et que son époux obéissait tout bonnement à un épanchement paternel dont il aurait d'ailleurs tôt fini par se lasser. Mais tout de même, finit-elle par convenir, il serait sage de prendre quelques mesures et la meilleure façon serait d'éloigner Halima pour quelque temps.

Hadj Boubker trouvait toujours quelque chose à reprocher à son épouse. Auparavant, il se contentait de rechigner contre elle, mais maintenant, il la réprimandait ouvertement, dans un langage populacier, que personne à la maison ne lui avait jamais connu, «ça suffit! (en tapant du plat de la main sur la table) De quoi te mêles-tu? Occupe-toi de ta broderie, ça vaudra mieux! Ne mélange pas les torchons et les serviettes! Qu'est-ce-que tu en sais? Hein?»

Lalla Rhita, profondément blessée, le regardait avec étonnement et tristesse.

Loin d'offusquer Halima, ces rebuffades lui procuraient un certain plaisir, un lien de raffermissement dans sa position. Elle prit goût à l'atmosphère d'approbation que le patriarche avait créée autour d'elle. Maintenant que l'occasion était là, elle voulait en profiter pleinement, prendre sa revanche sur la vie. Elle, qui avait tant souffert des chuchotements derrière son dos et des regards supérieurs que lui lançaient ces petites bourgeoises guindées qui venaient rendre visite à Lalla Rhita. Certaines d'entre elles ne prenaient même pas la peine de baisser la voix pour échanger leurs odieuses confidences. Dès lors, et presque à son insu, elle avait commencé à haïr le sort qui l'avait fait naître dans une famille pauvre. Et, durant ses nuits de solitude, elle mûrissait tant et tant de projets, tant et tant de rêves candides et radieux, qu'à la longue cela finit par produire sur elle l'envoûtement d'une fascination. Dans le délire de son imagination débridée, elle intégra ces beaux rêves dans sa logique, sans s'encombrer de principes moralisants ni autre forme de procès. Le matin. quand elle se mettait devant le miroir, elle se regardait longuement et une joie machiavélique illuminait, comme deux points incandescents, ses prunelles.

Un après-midi, au cours d'une séance de thé, une domestique s'approcha pour dire que tout était prêt pour le *hammam*[1] . A la maison, on avait pris l'habitude d'y aller tous les jeudis après midi. Hadj Boubker était encore assis à écouter Halima parler de l'ancienne cuisinière qui avait fait cuire une dinde en oubliant de la vider. L'histoire paraissait l'amuser bigrement et il riait par quintes à chaque phrase que la jeune fille débitait.

Sans attendre la fin du récit, Lalla Rhita se leva, le coeur lourd d'appréhension. Elle dit d'une voix neutre:

- Halima, il est temps d'aller au bain, as-tu préparé tes affaires?

Hadj Boubker qui riait encore, s'arrêta promptement. Les traits de son visage se contractèrent. Il leva vers elle un regard méprisant et fit d'un ton glacial:

- Tu lui as d'abord demandé si elle veut y aller?

- Si elle veut? bafouilla Lalla Rhita, je ne sais pas, elle est libre de choisir...

- Ah! Nuance! rectifia Hadj Boubker, elle est libre de choisir, chacun est libre de choisir, nous sommes tous libres de choisir.

- Ah bon! C'est vrai, chacun est libre de choisir, Dieu a bien séparé les têtes, vous pensez bien ... Je voulais tout simplement...

Et elle quitta la pièce, le buste roide, regardant droit devant elle.

Lorsqu'elle revint deux heures plus tard, ils étaient encore à la même place, s'esclaffant bruyamment. Elle

1- bain maure

leur trouva un air de complicité abominable et comprit que cette entente n'était pas naturelle. Alors elle décida d'agir au plus vite, convaincue maintenant de la redoutable déconvenue qui la guettait.

Lorsque le patriarche prit congé et s'éloigna, elle s'adressa à Halima:

- Depuis quelques jours, je te trouve un air fatigué. C'est vrai, une bien mauvaise mine que tu as. Il m'est d'avis que tu te surmènes beaucoup ces derniers temps et le mieux est d'aller à la ferme pour passer quelques jours au milieu de la nature bienfaitrice. Tiens, je dirai un mot à Hadj, je pense qu'il est du même avis. Qu'est ce que tu en dis?

Lalla Rhita qui s'attendait à une formidable jubilation, fut rabrouée lorsque Halima répondit d'un ton évasif, sans grande conviction:

- Je ne sais pas... Tu as peut-être raison, il faudra que je réfléchisse.

Le lendemain matin, Lalla Rhita prit son époux à part, elle lui dit:

- Je pense qu'il est un devoir pour nous d'envoyer Halima à la ferme pour rendre visite à ses parents. Elle en a d'ailleurs bien besoin, je lui trouve ces derniers temps une bien piètre mine...

- Une bien piètre mine! rétorqua ironiquement Hadj Boubker en imitant les inflexions de la voix de son épouse, n'exagérons rien, Halima se porte comme un charme. Et puis qui fera son travail après son départ? Qui s'occupera de la maison? Non, n'y pense pas, elle doit rester, sa présence est nécessaire.

Lalla Rhita, déconcertée, leva ses bras vers le ciel. Elle se fit sentencieuse:

- Il y a aussi qu'on se demande toujours comment subsistent les cigognes avant l'arrivée des sauterelles? (adage populaire) Mais enfin, la question n'est pas là, Il me semble que tu n'as pas encore saisi que la fille des fermiers est maintenant en âge de se marier.

Dans son patelin elle aura plus de chance de débusquer un jeune homme qu'ici.

À cette suggestion, Hadj Boubker garda le silence, retenant difficilement la dure réplique qui faisait frémir les muscles de son visage. Mais il ne put résister encore plus longtemps et sa colère creva comme un orage d'été:

- Quoi?... Marier Halima à un péquenaud?... Ça ne va pas? fit-il le bout de son index sur la tempe, c'est hors de question, une insulte à la bienséance.

- Excuse-moi, fit la vieille femme, je veux uniquement son bien.

- Son bien... Son bien... Tu appelles cette mascarade son bien! Moi je dis que son bien n'est nulle part ailleurs qu'ici.

Hadj Boubker quitta la maison, décontenancé par les propos jugés outrageux de son épouse.

Quelques jours plus tard, Lalla Rhita projeta d'inviter à déjeuner son neveu Abdel-Raouf, appelé Abdou; un jeune homme âgé de vingt-cinq ans. Personne, jusqu'à maintenant, ne lui avait accordé le moindre intérêt. Car, outre que la nature ne l'avait pas choyé physiquement, son intelligence n'en était pas plus élaborée et le classait bien en dessous de la moyenne. Ses études n'avaient été que désastre sur désastre et son père désespéré s'était alors rabattu sur l'artisanat pour le placer comme apprenti ébéniste.

Le soir même, après le dîner, elle retint Halima. Elle lui dit sur un ton de confidence, bien qu'il n'y avait personne à leur proximité:

- J'ai à te parler sérieusement ma fille. Tu sais que nous recevons demain Sidi Abdou, le fils de ma soeur Lalla Zhor. Tu ne l'as jamais vu, c'est un beau garçon, non, je veux dire un charmant garçon et promis à un avenir des plus brillants. Il est à peine un peu plus âgé que toi et je pense que la meilleure façon de le recevoir serait que tu le fasses toi-même, les jeunes se comprennent mieux entre eux, n'est-ce pas? Tu te coifferas donc comme il se doit et tu mettras ton caftan rose, il te va si bien celui-là.

- Oui mère, mais j'ai peur de ne pouvoir m'acquitter convenablement de cette tâche, je risque de n'être pour lui que de piètre compagnie, la confusion entrave ma langue.

Lalla Rhita prit un air très sérieux, s'éclaircit la gorge et fit en affectant un air hautement affairé:

- Et bien, moi qui cherchait pour toi un bon parti, je peux dire maintenant que mes efforts ont enfin abouti. Nous sommes tombés sur l'oiseau rare. Je suis sûre qu'il te plaira, si ce n'est pas tout de suite, ce sera plus tard. Tout le monde sait que l'amour se fortifie avec le temps, crois-en une mère qui aime profondément sa fille.

- Mais... je n'ai pas envie de me marier maintenant, objecta Halima.

- Tu verras, minauda la vieille femme, tu changeras d'avis quand tu le connaîtras. Il a un coeur d'or et c'est ça qui compte. Crois-moi, j'en connais des quantités, et non des moindres, qui se jetteraient à ses pieds s'il les demandait en mariage.

Le lendemain, Halima ne montra aucun intérêt pour celui que Lalla Rhita affublait d'un «Sidi» pour le grandir à ses yeux. Elle le trouva sot jusqu'à la niaiserie et aussi affreusement laid, avec sa petite taille, son ventre proéminent et ses oreilles détachées. Abdou était en effet le type même du cancre radieux, l'un de ces produits qui sont l'apanage des mariages consanguins.

Lalla Rhita constata, non sans amertume, que sa démarche avait foiré. Le neveu sur qui elle avait compté s'était montré si minable qu'elle eût honte d'avoir fait appel à lui. Mais qu'à cela ne tienne, pensait-elle, elle trouvera bien un moyen pour écarter le danger. Elle décida alors de tirer le grand jeu, quitte à éclabousser le pauvre Abdou.

A l'heure de la sieste, elle partit trouver son époux qui se reposait dans la chambre à coucher. L'émotion lui serrait la gorge, car elle était convaincue que cette fois-ci elle allait donner le coup de grâce à cette petite intrigante. Elle lui confia:

- Te rappelles-tu tout à l'heure, lorsque nous sommes sortis ensemble en laissant Abdou et Halima seuls? Eh bien, je n'ai pas voulu te dire tout de suite ce que j'ai vu à mon retour, pour ne pas te contrarier. Mais après une sage réflexion, j'ai pensé qu'il est de mon devoir de tout te révéler.

Elle se tut pour donner plus de poids à ce qui allait suivre, puis elle reprit gravement:

- J'ai bien peur, qu'un de ces jours, nous serions obligés de subir des enquêtes policières, à cause d'une fille que nous voulions tirer de la fange. Je disais donc, qu'en revenant sur mes pas, je les ai surpris côte à côte ou plus exactement Halima assise à côté de Abdou, car c'est elle qui s'est déplacée, dans une position provocante... Oui, je les ai vus de mes deux yeux, prêts à n'importe quelle ignominie. Mon coeur s'est soulevé et je me suis dit: Lalla Rhita, ta maison a été souillée et tous les péchés du diable y ont fait irruption, mais....

Hadj Boubker lui coupa la parole:

- Quoi? Halima se jeter dans les bras de ce tordu? N'exagérons rien! Ce dadais est inoffensif. Il est si empoté qu'on l'enfermerait dans un harem sans le moindre souci. Non, ton imagination est par trop fertile, tu verrais un noeud de vipères dans un simple tas de cordage.

Lalla Rhita qui ne s'attendait pas à une telle réponse, resta un moment ahurie, elle se reprit et tenta de mettre son époux en garde:

- Je t'avertis, c'est une mauvaise graine, habitée par le démon, tant j'ai vu tout à l'heure dans ses yeux de satanisme provocateur. A mon avis, la seule issue est de la marier, de force s'il le faut, ou bien la renvoyer chez ses parents.

- Heu... mauvaise graine! Habitée par le démon!... En voilà des idées, tu n'as jamais cessé de m'étonner.

Et, pour couper court à la discussion, il se leva, chaussa nerveusement ses babouches et quitta la pièce.

Le lendemain matin, Lalla Rhita qui boudait tout le monde et dormait seule dans la chambre d'amis, fut réveillée par un léger grattement de la porte. Elle se dressa sur son oreiller, émergeant lentement de sa passivité, et demanda d'une voix languissante:

- Qui est là?.

- C'est moi, répondit Hadj Boubker, ouvre.

Elle se leva, tourna le loquet et retourna à sa couche, l'air renfrogné. Hadj Boubker resta un instant dans l'encadrement de la porte, puis il avança pesamment, le sourire aux lèvres.

- On est toujours fâchée ? fit-il conciliant, allons, allons, ne fais pas d'un grain de sable un dôme1 (adage).

Puis il reprit sur le même ton:

- Après réflexion, j'ai convenu que le retour de Halima à la ferme sera la meilleure façon de régler les choses.

Lalla Rhita tressaillit. Pour la première fois, son omnipotent et opiniâtre époux avait capitulé devant elle. Il avait fini par lui donner raison. Elle s'assit au bord du lit et le regarda dans les yeux afin d'y déceler la moindre combine. Enfin rassurée, un sentiment de doux triomphe monta en elle, lui chauffant le visage. Cependant, elle se sentit mal à l'aise; il lui en coûtait maintenant d'avoir douté des beaux sentiments de son cher époux. La petite allumeuse était à l'origine de tout le malentendu. Lalla Rhita exhala un soupir de soulagement et son regard se noya d'attendrissement pour son homme. Elle exulta:

- A la bonheur! Je savais bien que tu finiras par comprendre.

- Ce n'est pas tout ma chère femme, déclara Hadj Boubker (C'était la première fois depuis bien longtemps qu'elle l'entendait dire: ma chère femme, et son humeur en était devenue étoilée), d'autant plus que dans cette affaire nous sommes les premiers responsables. N'oublie pas que nous l'avons déracinée, arrachée hasardeusement à son milieu naturel au moment où elle avait le plus besoin de chaleur maternelle. Sans le savoir, nous avons fait bifurquer le chemin de sa vie. Inconsciemment, nous avons chamboulé sa destinée. Nous ne pouvons la renvoyer maintenant sans lui offrir une réparation, la morale et la religion l'exigent. Alors, à ton avis, que pouvons-nous faire pour elle? Comment racheter nos erreurs passées? Hein, tu peux me dire comment?

Lalla Rhita scrutait le patriarche d'un oeil suspicieux. Elle l'écoutait sans rien dire parce qu'elle ne comprenait pas encore où il voulait en venir. Ces propos qu'elle ne lui avait jamais connus, la déroutaient. Alors, comme elle restait la bouche close, Hadj Boubker n'hésita pas, il répondit pour elle, promptement, sans ambages, comme on se jette à l'eau:

- Eh bien moi j'ai trouvé! L'union sacrée, le mariage! J'ai longtemps réfléchi à la question. C'est la seule issue. Le seul moyen pour me racheter, je veux dire pour nous racheter. Je l'épouse pour soulager ma conscience et aussi... la tienne.

Lalla Rhita atterrée, resta silencieuse. Les paroles qu'elle venait d'entendre l'avaient écrasée. Elle se ressaisit aussitôt, croyant à une plaisanterie que son époux voulait lui faire. Elle dit d'une voix chevrotante:

- Quoi? L'union sacrée de qui? tu veux rire Hadj! Non, il ne faut pas dire des choses pareilles, même pour rigoler.

- Non, non, loin de là, rectifia l'autre, ce que je dis est tout ce qu'il y a de plus sérieux.

Il parlait calmement. Mais la façon de scander les mots écartait l'idée d'un quelconque badinage. Un tremblement soudain ébranla le corps de la vieille femme. Elle bredouilla:

- Comment sérieux? mais vous l'entendez, il dit sérieux! C'est donc sérieusement que tu veux jeter le discrédit et la souillure sur la famille! Et sérieusement aussi que tu veux te rabaisser jusqu'à faire de nous la risée de tout le monde!

- Je ne fais que rendre justice, coupa Hadj Boubker.

- Mais quelle justice? objecta Lalla Rhita, mais c'est un croche-pied que tu me fais là, un de ces coups bas dont tu te fais le maître.

Hadj Boubker resta impassible, épiant du coin de l'oeil sa vieille compagne qui l'invectivait. Au bout d'un instant, il fit pesamment:

- Je ne sais pas en quoi cela peut te gêner, bien entendu tous tes droits seront respectés.

- Ah mes droits! Il dit mes droits! C'est comme si j'ai encore des droits.

Lalla Rhita baissa le ton. Elle estimait que rien n'était encore perdu. Son époux était sans aucun doute sujet à un égarement passager qu'un bon raisonnement aurait fini par fléchir. Elle le pria alors de se repentir, car, disait-elle, Satan rôdait autour de lui et tentait de le corrompre. Elle s'ingénia pendant un long moment à lui expliquer que cette fille n'était ni de son rang ni de son âge, qu'il pouvait se rendre coupable de la pire des fraudes s'il s'aventurait à tricher avec les ans et que tôt ou tard la lourde vérité lui tomberait sur la tête comme le toit d'une vieille maison. Lalla Rhita mit tellement de coeur pour convaincre son vieux mari que sa voix s'enrouilla. Les larmes qui la guettaient depuis tout à l'heure, étaient maintenant sur le point de fondre, mais elle mit toutes ses forces à les retenir. Elle lui expliqua ensuite qu'en sa qualité de Hadj qui avait rendu visite aux lieux saints, il ne pouvait se permettre de tels égarements.

Hadj Boubker feignait d'écouter attentivement son épouse en fourrageant de ses longs doigts dans sa barbe. Tout à coup il s'éclaircit bruyamment la gorge. Puis il dit, en observant le même calme:

- Je n'ai rien fait qui attente à la religion et je te conseille vivement de réfléchir à ma proposition. Je répète encore une fois que tous tes droits seront préservés.

Un lourd silence s'ensuivit pendant lequel Lalla Rhita cherchait un argument déterminant. Des idées déferlaient en trombe dans sa tête. Elle n'en put retenir aucune, car dans le désarroi qui l'assaillait, elle était incapable de maîtriser sa pensée. Le ton avec lequel il avait prononcé les dernières paroles ne laissait aucun doute sur sa détermination à aller de l'avant et pour celui qui le connaissait, il serait illusoire de s'attendre à un revirement de sa part. Alors excédée, Lalla Rhita fut prise d'une colère incoercible qui déboucha dans son crâne avec un bruit de torrent. Son corps tremblait, vibrait de tous ses muscles. Des mots sortaient par bribes de sa bouche tordue:

- Ah les hommes! Misérables oublieux, chiens lubriques, plus odieux les uns que les autres...

Hadj Boubker qui ne voulait pas entendre la suite, prit le chemin de sortie. Dans l'encadrement de la porte il se retourna et dit par dessus la voix qui invectivait encore:

- N'oublie surtout pas que tous tes droits seront préservés.

Restée seule, Lalla Rhita se tut, essoufflée. Elle fit le tour de la chambre, retapant nerveusement au passage un oreiller, marmonnant des paroles incompréhensibles. Elle regagna ensuite la place qu'elle occupait tout à l'heure et resta là, écrasée de silence. Sa joue reposait sur la paume de sa main et ses yeux hagards n'exprimaient qu'un immense abandon. Le monde qu'elle avait mis tant d'années à construire s'écroulait autour d'elle, comme un mur de pierres sèches. Son bonheur fuyait et elle ne savait plus quoi faire pour le retenir. Elle ne s'était jamais sentie si seule, irrémédiablement seule, confrontée à un problème dont elle ignorait les données et que rien ne la prédisposait à résoudre.

Halima qui avait tout entendu derrière le mur, eut très peur. Hadj Boubker avait certes profité la veille d'un tête à tête pour lui faire la proposition, mais elle était si embarrassée qu'elle n'avait su quoi répondre et s'était bornée à baisser la tête. Il n'en avait fallu pas plus au patriarche pour mettre son plan à exécution et déclencher ainsi une terrible histoire dont elle ignorait les aboutissants. Elle aurait voulu être loin, à la ferme, ni vu ni connu, pendant qu'il réglerait ses affaires à sa guise. Dans l'état actuel des choses, la sage hypocrisie dont elle s'était fait une ligne de conduite, se trouvait compromise. Alors, pour se tirer d'affaire, elle pensa à plaider l'ignorance, oui, l'ignorance, un bon refuge parfois. D'ailleurs, elle n'avait pas donné ouvertement son accord. Elle ne savait donc rien, n'était au courant de rien. Et s'il y avait une brouille domestique, ce n'était pas de sa faute, elle ne se sentait point responsable.

Elle pensa qu'il valait mieux devancer les événements et projeta d'aller voir Lalla Rhita, comme si de rien n'était, histoire de s'enquérir de sa santé. Mais quelques minutes plus tard, le plan d'amorce qu'elle s'était fixé tomba à l'eau, car c'était Lalla Rhita qui vint la trouver dans le petit salon. Elle s'arrêta au-dessus d'elle, imposante, la surplombant de sa hauteur. Lorsque Halima, surprise, leva la tête, elle vit un visage dont les traits étaient déformés par la colère, des lèvres hargneusement retroussées. Avant de prononcer une parole, la voix de la vieille femme éclata, rugissante, tonitruante:

- Ah! C'est ça ma douce! Tu allumes le feu en catimini derrière mon dos!...

Le visage de Halima se décolora. Elle bégaya d'une voix éteinte:

- Voyons mère, laisse-moi t'expliquer.

- Je te défends de dire mère, ragea l'autre, plus jamais, plus jamais. Et moi qui t'ai sortie du fumier pour faire de toi quelqu'un d'honorable, voilà que tu me tournes dans la main comme un tranchant de couteau. Ah! Ce que j'ai pu être gourde, je me suis laissée manoeuvrer par une pisseuse. Il faut dire que j'étais aveugle, mon bon coeur m'avait tout caché, même les chienneries qui se déroulaient dans le vestibule. Je viens de me rendre compte, de drôles de micmacs s'étaient passés dans la pénombre du vestibule. Je vois d'ici le spectacle; du propre tiens! Il te tripotait à pleines mains, comme une brebis au marché. Et toi vaurienne, acharnée à jouir, tu te cambrais crapuleusement devant lui. Je parie que tu as tendu tes rets depuis longtemps et tu as tout fait pour qu'il s'y empêtre...

Lalla Rhita secouait la tête, ses bajoues frémissaient rageusement. Elle ne donna aucun répit à sa détractrice, la bombardant coup sur coup, lui ôtant tout moyen de défense. Elle continua, toujours dans sa lancée:

- Et l'autre, celui qu'on croyait si sage, il retourne à sa vraie nature et se comporte comme le dernier des galopins. Ah les hommes! poursuivait-elle dans un gros soupir, pour sûr qu'ils ont quelque chose du chien; on a beau cajoler l'animal, ça ne l'empêche pas d'aller fourrer la truffe dans la première crotte du coin.

Halima s'affaissait sur elle-même sous l'avalanche d'injures qu'elle essuyait comme autant de coups de marteau sur la tête. Alors, les yeux à terre et mordant durement sa lèvre inférieure, elle subissait tout simplement. Sa volonté avait beau donner des ordres, ses muscles ne réagissaient pas et les mots s'étaient figés dans sa bouche. Lalla Rhita, en proie à une grande colère, gesticulait, tapait furieusement sur ses jambes:

- Et pourtant ingrate, je t'ai épouillée, mignotée, aimée plus que moi-même, et tu me fais ça? tu complotes derrière mon dos? Ah! Mon Dieu, quel monde! Où allons-nous donc?

Et elle se tut essoufflée, puis, après un court moment de silence, elle reprit d'une voix cassée:

- Dans tous les cas, je me fatigue pour rien. Dieu seul connaît les tentacules de tes ruses. Il y a aussi qu'on ne peut rien contre la nature des gens, une canaille reste indéfiniment une canaille. Dorénavant, ta place est dans la chambre des bonnes. Tu entends? dans la chambre des bonnes. Je ne veux plus te voir ici. Le vieux singe ira te lutiner là-bas si le coeur lui en dit.

Puis elle quitta la pièce, renâclant, rechignant, vociférant.

Lorsqu'elle se fut éloignée, Halima parut sortir peu à

peu de son aboulie. Elle se relevait de son abattement comme un animal surpris en faute, qu'une solide correction du maître avait mis à plat ventre. Subitement tout s'éclaircit dans sa tête. Un glacial mépris s'imprima sur son visage. Elle se mit vivement debout, regarda un instant l'ouvrage de broderie qu'elle avait instinctivement gardé dans les mains, puis le jeta violemment à ses pieds. Elle regretta qu'elle eût manqué de causticité, de mordant, pour pouvoir rendre coup pour coup. La fureur grondait dans son coeur et le consumait d'une fièvre ardente. Elle sentit rageusement qu'elle haïssait Lalla Rhita, du fond du coeur. Elle se jurait maintenant de prendre sa revanche; elle laverait un jour l'affront. Alors, pendant qu'elle nouait ses cheveux en chignon derrière la tête, ses narines palpitaient d'une respiration courte et saccadée et ses prunelles brasillaient d'une terrible rancoeur. Elle marmonna d'une voix entrecoupée:

- Tu cherches le combat? Eh bien tu l'auras ma vieille! Mais il sera cette fois à la régulière et rira bien qui rira le dernier!.

Dans sa rage, elle donna libre cour à ses ressentiments, traita la vieille femme de tous les noms. Elle se disait bien contente de partir loin d'ici, ne plus avoir à regarder cette face de batracien, ne plus respirer son haleine de vieille bique en état de décomposition.

En rentrant chez lui à l'heure du déjeuner, Hadj Boubker constata le changement qui avait eu lieu pendant son absence. Tout d'abord Halima n'était pas là pour le recevoir comme d'habitude. Ensuite il régnait dans la grande demeure un silence corrosif, pesant, celui-là même qui succède à une catastrophe. D'autres indices ne firent que confirmer ses appréhensions; la domestique qui lui avait ouvert la porte, avait presque fui devant ses pas et, en traversant le patio, il entendit des bruits étouffés dans les cuisines et sentit qu'on l'épiait à travers l'entrebâillement des portes. Il n'avait maintenant aucun doute, quelque chose de grave s'était passé pendant son absence. Il fut très inquiet. Il venait de se rendre compte que dans le cas actuel des choses, les réactions d'une femme pouvaient être très dangereuses. Son entrée dans le petit salon ne fit qu'accentuer sa nervosité car, outre qu'il était vide, il y régnait un grand désordre; des coussins étaient éparpillés un peu partout et sur le tapis gisaient un ouvrage de broderie et des écheveaux de fils de différentes couleurs. Ses yeux firent le tour de la pièce; ils allèrent des banquettes vides aux murs ruisselants d'une lumière mouvante. Mille souvenirs charmants étaient liés à ces lieux maintenant déserts: discussions paresseuses devant des verres de thé fumant, habitudes délicieuses, rires insouciants dont l'écho semblait résonner encore. C'était là qu'il s'était senti pleinement heureux. Ses traits qui avaient l'expression hagarde et torturée restèrent cruellement figés. Il souffrait de cet abandon, de ce désordre, de cette détresse occulte. Il était consterné par l'aspect vacant de cette pièce qui renfermait tant de souvenirs heureux.

Quand il fit irruption dans la chambre d'amis, Lalla Rhita était là, la tête basse, s'attendrissant sur son infortune. Elle ne fut pas surprise. Elle l'attendait. Elle l'avait aperçu tantôt par la croisée, alors qu'il traversait le patio à grandes enjambées en direction du petit salon.

- Alors, tout va bien? fit-il d'un ton neutre.

- Oui, répondit Lalla Rhita avec calme, à part que j'ai mis un peu d'ordre dans la maison. Halima loge dorénavant avec les bonnes.

- Comment? Dans la chambre des bonnes? fit le patriarche interloqué.

- Oui! Elle est là où elle aurait dû toujours être. Je ne vois pas en quoi cela te tracasse-t-il?

- Mais tu veux rire, as-tu bien réfléchi? Halima avec les domestiques! C'est le comble, du jamais vu.

- Elle n'en mérite pas plus, je me suis hélas aperçue qu'on ne peut faire d'une carne un cheval de fantasia.

- Ça c'est le bouquet! Mais à ce que je sache, tu as toujours clamé le contraire. Un jour c'est blanc, un autre c'est noir... De la pure fantaisie!... Voyons, ce n'est pas juste de se jouer de la vie des gens, un sacrilège puni par Dieu et par les hommes.

Son visage prit un air de vexation, il marcha sur elle, les yeux drôlement plissés:

- Attends un peu, fit-il d'un ton suspicieux, il m'est d'avis que tu veux tout simplement me contrarier, n'est-ce-pas? je parie que tu y trouves du plaisir... Avoue-le donc! Te rends-tu compte au moins de l'injure que tu me fais là? Non, qu'est-ce que je raconte! Plus qu'une injure, un crachat en pleine figure. Merci pour tout, je tiens compte, c'est enregistré.

Lalla Rhita, profondément émue, voulait se justifier. Elle leva les mains et les écarta paumes ouvertes, dans un mouvement où il y avait la surprise et l'interrogation:

- Dieu m'est témoin que je n'ai jamais failli à mon devoir de maîtresse de maison et d'épouse dévouée. Je ne comprends pas ce qui t'arrive... après tant d'années de vie commune.

La mine défaite, Hadj Boubker gesticulait, ricanait:

- Ah! Comme on se trompe parfois sur le compte des gens. Va connaître l'intérieur d'une femme, eh bien tu peux farfouiller tant que tu veux, tu n'y verras goutte.

Lalla Rhita, les yeux embués de larmes voulait se rattraper; elle tentait de s'expliquer, mais l'autre, trépignant sur place, lui coupa la parole:

- Une réaction tout à fait animale, l'égoïsme en chair et en os. Halima est de trop, moi-même je suis de trop, tout le monde est de trop. Alors puisque c'est ainsi, on te laisse, on met les voiles. Je te débarrasse de celle qui te fait tant souffrir, je l'emmène à la ferme. Alors prends tes aises, détends-toi bien. Et si la maison ne te suffit pas, prends la ruelle aussi, fais la interdire, ça te permettra d'allonger confortablement tes pieds.

En sortant, il ordonna d'une voix forte et décidée:

- Halima, prends tes affaires, on s'en va.

Lalla Rhita se leva, fit quelques pas titubants, les bras loin de son corps, peu sûre d'elle. C'était donc vrai. il partait, il l'emmenait avec lui, il mettait ses projets à exécution. Elle n'avait pas cru qu'il pouvait aller jusqu'au bout. Ce n'était pas possible. Une jalousie affreuse s'empara d'elle, lui dévorant le coeur, ce qui donna lieu à un incoercible sentiment d'insurrection déboulant des profondeurs de son être, comme un torrent fougueux. C'était plus fort qu'elle n'en pouvait supporter. Les muscles de son corps vibraient de toutes leurs fibres. Jusqu'à présent, elle avait essayé d'agir avec modération, voulant garder en quelque sorte la porte ouverte pour le dialogue, dans l'espoir de le convaincre. Mais puisqu'il mettait ses sombres projets à exécution, à quoi bon se taire, pourquoi se retiendrait-elle encore plus longtemps? Lalla Rhita convint qu'Il était temps de parler, parce qu'elle devait parler, lui dire la vérité, toute la vérité, aussi crue fût-elle. Elle avait trop comprimé le furoncle qui avait grossi dans son coeur. Et ce furoncle venait de crever, souillant tout le voisinage. Alors éperdue, elle frappa malgré elle, ne pouvant retenir les phrases perfides qui se bousculaient dans sa tête:

- Tu la veux une bonne paire sur le haut du crâne? Eh bien elle te la fera pousser, grande comme ça!

Et joignant le geste à la parole, elle leva les mains au-dessus de sa tête, dessinant dans l'air d'imaginaires cornes.

- Sois en sûr, continua-t-elle, je sais ce que je dis, parce que je parle en connaissance de chose. L'argent t'a tout donné, sauf l'essentiel.

Hadj Boubker suffoquait sous la dégelée verbale particulièrement outrecuidante de son épouse. Un grand va-et-vient de pomme d'Adam se faisait sous le col de sa chemise et ses yeux saillaient dans leurs orbites, comme quelqu'un qui se réveille en sursaut d'un profond sommeil. C'était la première fois qu'on s'enhardissait à l'affronter ouvertement chez lui, d'une manière aussi outrageante, et il en était profondément ébranlé. Alors, le visage blêmi de quelqu'un qui eût respiré un air délétère, il gronda furieusement, la sommant de se taire:

- Femme!

Puis il lui décocha un regard méprisant en même temps qu'il siffla entre les dents:

- Misérable!

Et il prit le chemin de la sortie, plein de hargne, suant la haine, en jurant que jamais il ne remettrait les pieds dans la baraque, selon sa formule, tant que cette calamité resterait en vie.

Sous l'empire de la colère, Lalla Rhita ne voyait rien, n'entendait rien. Les paroles sortaient d'elles-mêmes. C'était en dehors de sa volonté. La haine qu'elle portait à présent dans les veines lui donnait des envies de mordre à la façon d'un chien enragé. Alors, au moment où Hadj Boubker s'apprêtait à franchir le pas de la porte, elle lui envoya une ultime admonestation qui vint lui meurtrir les oreilles, comme un fouet:

- Tu sais ce qu'il lui faut à cette petite vicieuse? Eh bien je vais te le dire, et tant pis si ça te chiffonne, c'est un mâle vigoureux qu'il lui faut, bien en muscles, pas un vieux débris. Si tu ne veux pas comprendre, alors va, suis-la mon pauvre bonhomme, cours derrière elle. Ta laisse, tu l'auras sous peu, un beau collier qu'elle te passera joliment autour du cou. Ton badigeonnage aussi tu l'auras, sans coup férir, un badigeonnage complet, de la pointe du cheveu à l'ongle de l'orteil.

Le claquement de la grande porte, fermée à toute volée, fit l'effet d'une eau froide sur le visage d'un endormi. Lalla Rhita se tut. Elle venait de se réveiller tout à coup de son état de fureur invincible et d'inconsciente hardiesse. Elle porta ses mains à sa bouche comme pour étouffer un cri. Elle se sentait maintenant écrasée de confusion et ne savait que faire. Elle regrettait amèrement les dures paroles qu'elle avait jetées au visage du patriarche. Dans un dernier sursaut, elle réunit toute sa volonté et lâcha en direction de la sortie, comme une humble prière:

- Hadj!.

Elle se tut, mais on sentait une cassure dans la voix de quelqu'un qui n'en pouvait plus. Son énorme corps s'affala mollement jusqu'au pied du mur, tandis que ses mains désespérément levées en un geste inachevé, semblaient vouloir retenir son vieil époux qui la quittait.

CHAPITRE V

Après le départ de Hadj Boubker, Lalla Rhita resta figée, le bras tendu en une composition picturale émouvante. Ses yeux semblaient perdus dans le vide et ne manifestaient aucun signe de vie. La servante qui s'était approchée d'elle la vit dans cette attitude et s'inquiéta. Elle s'approcha encore plus près et lui posa la main sur l'épaule. Elle interrogea:

- Lalla! Lalla! Qu'est ce que tu as? Tu ne te sens pas bien?

Brusquement le visage décomposé de sa maîtresse la terrifia. Elle réitéra plusieurs fois son appel, se mit à la secouer doucement, puis de plus en plus fort, mais ne reçut aucune réponse. A grands cris, elle ameuta les autres domestiques qui se précipitèrent aussitôt. On transporta la vieille femme dans sa chambre, on l'encensa, on l'aspergea d'eau de rose, mais il n'en fut rien; Lalla Rhita était restée inerte, insensible à tout ce qui l'entourait.

Etendue sur son lit, massive, ses traits étaient bouleversés par la douleur. Le seul signe de vie restait sa respiration devenue faible et désordonnée; de légers spasmes lui soulevaient par moments la poitrine, gonflaient ses joues et venaient mourir sur ses lèvres blafardes.

Le médecin dépêché d'urgence à son chevet pronostiqua une crise de nerfs aiguë qui, selon ses dires, pouvait s'aggraver et aboutir à la dépression si les précautions nécessaires n'étaient pas prises. La piqûre qu'il lui injecta tout de suite ne tarda pas à produire son effet, car en moins d'une minute, elle commença à gémir et reprit peu à peu ses esprits. Avant de prendre congé, le praticien laissa une ordonnance dans laquelle il avait prescrit une liste de médicaments que la malade devrait prendre à des heures régulières et conseilla vivement l'observation d'un repos complet de plusieurs jours, jusqu'au rétablissement. Il promit en outre qu'il reviendrait dans la soirée.

Lalla Rhita se remettait peu à peu de ses blessures. L'attention que lui portait sa famille, notamment son fils Hamid qui se déplaçait presque tous les soirs pour lui rendre visite, les pouvoirs thérapeutiques du temps, tout cela finit par lui rendre un peu le goût de vivre ou du moins lui donnait une sérénité toute relative.

Les premiers jours, elle s'asseyait et malgré elle ses paupières sourdaient de larmes. Son infortune l'attendrissait. Tout ceux qu'elle avait aimés ou aimait encore étaient partis. C'était trop dur à supporter. Elle n'avait jamais eu l'idée qu'elle pouvait en arriver là et rien ne la prédisposait à affronter une telle situation. Elle n'avait jamais pensé que son mari pouvait la quitter pour une autre et l'abandonner ainsi, seule, irrémédiablement seule, après plusieurs années d'un bonheur conjugal presque parfait. Privée de sa présence rassurante et tutélaire, elle sentait comme un étranglement à la gorge, elle étouffait. Pendant de longues heures, elle restait dans le patio, changeant de place au fur et à mesure que l'ombre se déplaçait. Ses lèvres frémissaient de temps à autre. Elle priait:

- Dieu miséricordieux, éveille le remords dans le coeur du père qui quitte sa famille. Dieu tout puissant, chasse le démon de son corps, fais qu'il me revienne. Maître de l'univers, Toi qui vois tout, compatis pour la plus humble de tes sujets.

Parfois ses yeux se noyaient de larmes, et elle les

essuyait silencieusement. Elle songeait invinciblement à son passé, et cette lointaine douceur rendait plus douloureuse la condition présente. C'était injuste, le bonheur lui tournait le dos alors qu'elle était sur l'autre versant de son existence. L'avenir semblait dépouillé, nu. Vraiment, la vie tournait mal, ce n'était guère la fin qu'elle avait souhaitée. Et plus elle fouillait dans son passé qui lui semblait maintenant lointain, plus les pincements de son coeur se faisaient douloureux. Mais ce dont Lalla Rhita eut à souffrir le plus, ce furent les visites intempestives des femmes qu'elle connaissait. Au cours des entrevues, elles se faisaient des airs de désolation pitoyable et pour chaque réponse aux nombreuses questions qu'elles posaient, elles se pinçaient les lèvres et échangeaient à la dérobée des regards chargés de signification. Lalla Rhita les recevait parce que la bienséance le dictait, c'était toujours ainsi et elle ne pouvait se soustraire à une règle bien établie. Elle savait pertinemment que la majorité d'entre ces femmes, omnibulées par le désir de faire du mal, étaient plutôt intéressées par des informations fraîches qu'elles récoltaient, amplifiaient, dénaturaient en y ajoutant un peu de piquant pour en faire des histoires malpropres, destinées à alimenter en commérages les cercles féminins de la ville.

En quittant sa demeure, Hadj Boubker savait qu'il ne lui serait plus possible de rebrousser chemin sur la voie où il s'était engagé. Les embûches, les ragots, les cancans d'une société qui ne laissait rien passer ne manqueraient certes pas, mais il se forçait à effacer tout cela de sa pensée, comme s'il s'agissait de simples peccadilles, sans grande importance.

Plusieurs jours passèrent et il ne donna pas signe de vie. Pour Hamid et quelques proches parents, il ne s'agissait que d'une simple querelle de ménage que le travail pacificateur du temps aurait aplanie, et le coup de tête que le patriarche avait contracté s'estomperait très vite. Ils étaient donc convaincus qu'au bout de deux ou trois jours tout au plus, il finirait par rentrer chez lui. Cependant, après deux semaines d'attente, l'optimisme du début commença à s'effriter et on décida à l'unanimité d'agir. On avança l'hypothèse que l'homme était peut-être souffrant, cloué à son lit et ne pouvant joindre sa famille. A quoi bon attendre alors?. Il avait probablement besoin d'eux, sans compter que la ferme n'était pas très éloignée. On convint alors qu'il valait mieux aller voir sur place de quoi il retournait.

Le dimanche suivant, vers dix heures du matin, Hamid accompagné de son oncle Si Moussa, frère cadet de Hadj Boubker et religieux très respecté, ainsi que d'un cousin, connu pour sa sagesse et bénéficiant de la confiance et de l'estime de tous, arrivèrent à la ferme des Zaers. Dans le salon où ils furent introduits, ils durent attendre un bon moment avant que Hadj Boubker ne vint les rejoindre. Quand il fit son entrée, un courant de stupéfaction traversa les nouveaux arrivés. Ils étaient sidérés non seulement devant la mine radieuse qu'il affichait et qu'on ne lui avait jamais connue, mais pour sa mise, plutôt inhabituelle. C'était en effet la première fois qu'on le voyait sans turban et portant à la place de ses amples habits traditionnels une très belle robe de chambre de couleur grenat par dessus un pyjama bleu pastel.

Un large sourire aux lèvres, il exulta:

- Bienvenue! Bienvenue! C'est un grand jour....

A tour de rôle, chacun le salua respectueusement. Son fils lui baisa la main en disant:

- On s'inquiète pour toi à la maison père!

- Non... non... mon fils, s'empressa de répondre le patriarche, il n'y a pas lieu de s'inquiéter. Comme tu vois je suis en pleine forme, Dieu merci... Le climat en cette période de l'année me convient bien. J'ai décidé de rester un peu plus longtemps ici.

Puis, après un court moment de silence, il reprit:

- Non mon fils, il n'y a pas lieu de s'inquiéter.

- Oui père, fit doucement Hamid, mais c'est que là-bas, rien ne peut se faire sans toi, et puis il y a mère, avec sa santé si fragile, elle se fait beaucoup de mauvais sang pour toi.

- Ici ou là-bas c'est pareil, il n'y a que le lieu qui change, répondit jovialement Hadj Boubker. Après réflexion, je me suis rendu compte qu'on ne profite pas assez des bienfaits de la nature, c'est pour cela que j'ai décidé de partager mon temps entre la ferme et la maison de Salé. Il faudra qu'on s'y fasse à l'avenir.

- Tu vas nous manquer, glissa Si Moussa d'un ton précautionneux.

- Il y a aussi la nécessité qui oblige. Comme vous le savez Lalla Rhita a pris de l'âge et sa constitution physique ne lui permet plus de diriger seule la maison, de m'entretenir, de se fatiguer tout le temps pour moi. Alors je me suis dis: Hadj boubker! Fais quelque chose, soulage cette femme si dévouée, délivre la de tous ces problèmes si éprouvants du quotidien, donne lui un peu de répit, elle l'a tant mérité. Pour cette raison, j'ai pris certaines mesures et envisagé une solution qui est à mon sens la plus appropriée, conformément à la *Chariaâ* [1] et à la *Sunna* [2].

L'assistance, qui depuis le début de l'entretien arborait un sourire de circonstance, fut parcourue par un frémissement d'angoisse. Hamid qui était sans doute le plus affecté, regardait fixement le bout de ses pieds. Pendant un instant qui parut interminable, un lourd silence plana sur les têtes. Hadj Boubker qui avait sñrement rabâché la question sous tous ses angles, le rompit en ces termes:

- Dans tous les cas, personne ici n'a enfreint les règles de notre religion et ce qui est permis par Dieu ne peut

1- droit islamique

2- préceptes et pratiques du prophète

être condamné par les hommes, n'est-ce-pas?

- Hum! Sans aucun doute, dit le cousin en même temps qu'il s'éclaircissait la gorge, d'aucun ne peut contredire ces propos, mais....

- En tout état de cause, coupa Hadj Boubker, vous êtes tous invités samedi prochain.

- Bien bien... Et c'est en quelle occasion in-chaa-Allah? demanda Si Moussa, feignant tout ignorer de ce qui avait été dit.

- Mais le mariage pardi! Ah! Vous ne savez pas! Où ai-je donc la tête? C'est enfin décidé, le mariage aura lieu samedi prochain.

- Le mariage! Quel mariage? J'avoue ne rien savoir.

- Lalla Rhita ne vous a pas parlé?

- Euh... non!

- Pourtant...

Il y eut un silence pendant lequel les trois hommes se regardaient avec un air d'hébétude. Certes, Lalla Rhita avait relaté quelques fragments de l'histoire qui avait abouti au conflit, mais elle l'avait fait en termes si nuancés qu'ils n'avaient pas saisi tout son sens. Maintenant tout était devenu clair; c'était bien de son mariage qu'il s'agissait, son union avec la fille de ses fermiers.

Si Moussa toussota. Il changea de position, puis d'un ton circonspect, il commença un long réquisitoire sur les problèmes que pouvait engendrer une telle décision si on ne prenait garde:

- Vois-tu, expliquait-il à son frère, ce n'est pas que je suis contre la polygamie, non, la loi musulmane l'autorise. C'est un fait que personne ne peut renier. Mais je veux dire que les règles imposées sont difficiles à appliquer et rares sont ceux qui se sont engagés dans cette voie et ne commettent pas d'impair. Dans tous les cas, reprit-il après une courte pause, c'est un mode de vie tout à fait différent de l'autre. A mon avis, une mûre réflexion est nécessaire avant de s'engager sur ce chemin. Le dicton populaire illustre bien la chose en disant que le mariage d'une nuit nécessite la réflexion de toute une année.

Pendant que les deux hommes échangeaient leurs points de vue, Hamid en profita pour examiner son père avec une curiosité stupéfaite. Pourtant l'homme qu'il observait était son père! Cette physionomie qu'il avait pu distinguer dès son premier âge, ces petits détails du visage, cette voix familière, lui paraissaient étrangement nouveaux.

Hadj Boubker interrompit Si Moussa par un «hum», suivi d'un claquement des mains en regardant du côté des cuisines. Pour ceux qui le connaissait bien, cela voulait dire que le sujet était clos et que sur ce point, tout ce qui devait se dire avait été dit.

Quelques minutes plus tard, une servante arriva avec un plateau de thé. On parla de choses et d'autres, feignant ignorer l'objet fondamental de la visite. Hamid ne reconnaissait plus son père, il le sentait lointain, très lointain. Tout à l'heure, il s'était abstenu de donner son point de vue sur la question car il connaissait pertinemment les habitudes invétérées du patriarche, son caractère irascible aussi. Vraiment, c'était peine perdue d'entreprendre avec lui un quelconque raisonnement. Alors, le coeur gros, il ne toucha même pas au verre de thé posé devant lui et fut le premier qui se leva pour prendre congé. Son oncle et son cousin suivirent. Hadj Boubker ne fit rien pour les retenir, il les accompagna jusqu'à la sortie et au cours du trajet il posa sa main sur l'épaule de son fils. Il lui confia:

- Je te comprends, mais sois tranquille, rien ne va changer dans les habitudes, je veillerai personnellement sur tout cela...

Et puis de continuer après un instant de réflexion:

- Tu verras mon fils qu'avec le temps tout finira par rentrer dans l'ordre, je ne suis ni le premier ni le dernier à prendre une deuxième épouse. Il faut comprendre une fois pour toutes que je ne suis motivé ni plus ni moins que par le souci de soulager ta mère.

Puis changeant de ton et de sujet, il interrogea:

- Et les affaires... ça marche?

- Oui père, il n'y a pas à se plaindre, répondit laconiquement le jeune homme.

Et ce fut tout. Les visiteurs saluèrent Hadj Boubker; ils avaient l'air maussade.

La voiture que conduisait Hamid s'éloigna dans une buée de poussière rouge. Quelques gamins, à moitié nus, coururent derrière le véhicule dans un brouhaha de voix mais ne tardèrent pas à abandonner la poursuite lorsque la vitesse devint trop grande. Hadj Boubker resta quelques minutes sur le perron à regarder le nuage de poussière qui s'éloignait. Il respira un bon coup avant d'entrer chez lui. Halima l'attendait dans l'entrebâillement de la porte. Elle demanda, non sans un brin d'anxiété dans la voix:

- Alors! Comment ça s'est goupillé?

- Pas de problème, la rassura-t-il, ils vont finir par s'y faire, c'est moi qui te le dit.

Et pendant qu'il parlait, ses doigts s'enfiévraient goulûment sous l'ample caftan de la jeune fille. Alors, incapable de dompter ses pulsions, il voulut la prendre dans ses bras, mais en fille avertie, pleine de calculs silencieux, elle se laissa un instant étreindre, juste ce qu'il fallait, puis s'extirpa délicatement en usant d'arguments probants des us et coutumes. Dans tous les cas, lui fit-elle comprendre, la noce aurait lieu dans moins d'une semaine, il était donc inutile d'anticiper et ôter à la cérémonie le charme qui devrait la revêtir. Hadj Boubker abandonna à contre coeur, tous ses membres frissonnaient de désir. Il finit tout de même par accepter le raisonnement de Halima. C'était vrai, il valait mieux que tout se déroulât dans les règles.

Durant le trajet du retour, Hamid, au volant de sa voiture, affichait un air de grand abattement. Il regardait fixement la route qui venait à sa rencontre pour disparaître sous le capot du véhicule. Quelques instants plus tard apparut au loin la mosquée Tour Hassan, son faîte inachevé semblait l'image émerveillée du silence.

La voiture passa devant les ruines de Chellah et roulait maintenant au pied du mausolée Mohammed V. Elle s'engagea bientôt sur le pont du Bouregreg qui relie la capitale chérifienne à la ville de Salé. A l'intérieur du véhicule, les passagers toujours silencieux, étaient restés indifférents à la beauté du monument. Ils demeurèrent aussi insensibles au scintillement argenté des eaux du fleuve. L'un après l'autre et sous des prétextes différents, ils demandèrent à descendre. Hamid comprenait bien leurs appréhensions; ils redoutaient le face à face avec Lalla Rhita. Lui aussi redoutait le moment fatidique où il devrait comparaître devant sa mère, le moment où il allait devoir la réconforter de platitudes ineptes. Alors, plus la voiture s'approchait de sa destination, plus il sentait l'émotion lui serrer la gorge. Elle lui poserait sûrement des questions! Que répondrait-il alors? Allait-il lui dire la vérité? Toute la vérité? Allait-il lui dire que son père célébrerait ses épousailles samedi prochain? Fallait-il lui dire aussi qu'il avait poussé le ridicule jusqu'à l'inviter à cette mascarade? Hamid ne savait plus que faire, pourtant, dans très peu de temps il affronterait sa mère. C'était dur. Mais que pouvait-il faire d'autre? Se soustraire à son devoir de fils aîné? Il ne le pouvait pas. La vieille femme avait l'habitude de vivre sous la tutelle du patriarche et n'avait jamais perdu l'espoir de son retour. Elle avait sûrement passé la journée derrière la porte à épier l'arrivée de son fils. Et quelles nouvelles il lui apportait! Il la voyait se désoler bruyamment, se rouler par terre, se lacérer le visage avec ses ongles. Et pendant qu'il réfléchissait, il ne put s'empêcher de dire à haute voix:

- C'est drôle, le monde tourne à l'envers; en général, ce sont les enfants qui, parvenus à l'âge ingrat, posent parfois des problèmes à leurs parents. Dans le cas actuel, c'est la turbulence d'un père qui cause tant de soucis à ses enfants.

La voiture longeait maintenant la ruelle de la Médina. La vieille demeure apparut gigantesque, menaçante. Elle profilait sur le bleu du ciel, au-dessus des maisons chétives collées à ses flancs, son cube imposant. Sa façade décrépie et borne semblait endeuillée, comme reflétant le coeur de celle qui vivait derrière ses murs.

Au moment où le jeune homme fermait la portière de sa voiture, la silhouette corpulente de Lalla Rhita se détacha de l'ombre du vestibule et son visage apparut dans l'entrebâillement de la porte, un visage forgé d'anxiété. Sans attendre, elle murmura:

- Alors?...

- Rien! répondit Hamid, je n'arrive pas à comprendre ce qui s'est passé entre vous.

- Il n'est pas malade au moins?

Mais quand elle vit le visage nerveux, tiré, qui se tournait vers elle avec méfiance, elle rectifia d'un ton amer:

- Ah! Je comprends, il ne veut pas rentrer à la maison.

- D'après ce que j'ai constaté, il semble très occupé en ce moment.

- Occupé! Et qu'est ce qu'il peut bien faire là-bas?

- Je crois qu'il s'égare mère, oui, il va à la dérive, c'est le moins qu'on puisse dire.

- Tu ne veux pas me dire qu'il a mis en exécution ses projets mesquins?

- Pas encore, mais hélas, j'ai l'impression qu'il n'est pas loin de le faire.

A cette réponse, Lalla Rhita ne bougea pas, ses yeux hagards n'exprimaient qu'un immense abandon. Hamid ne s'attendait pas à une telle réaction. Ce calme tragique, cette douleur silencieuse ne lui disaient rien qui vaille. Il s'approcha de sa mère, lui couvrit de son bras les épaules et tout en marchant il lui dit doucement:

- Tu sais mère, beaucoup d'hommes, de ceux qu'on croit les plus raisonnables, passent par ce stade de la vie qu'on dénomme le retour d'âge. En général, et cela dépend aussi de la patience dont peut s'armer une bonne épouse, ils retournent au bercail, bien assagis, pleins de remords et résolument décidés à ne pas récidiver. Ceci pour te dire que père finira bien par se rendre compte de son égarement et rentrera à la maison.

Un silence suivit pendant lequel Lalla Rhita paraissait perdue dans les méandres de sa pensée. Un long soupir vint tout à coup la tirer de sa torpeur. Elle dit d'une voix chevrotante:

- Le monde est si injuste, et dire que je l'ai épouillée, soignée et rendue à l'état de civilité.

- De qui parles-tu mère?

- De qui veux-tu que je parle mon fils? Mais de cette petite ingrate qui m'a rendu le bien en me fauchant l'herbe sous les pieds.

- Pourtant personne n'était d'accord avec toi le jour où tu l'as introduite chez nous.

Lalla Rhita s'arrêta de marcher, elle balbutia avec un triste hochement de tête:

- Eh oui! Je ne pouvais pas deviner, mon fils, cette petite chapardeuse avait l'air si innocent, et moi avec mon bon coeur qui me cache toutes les mesquineries de ce bas monde.

Puis elle leva la tête vers le ciel, les bras tendus et les paumes ouvertes, comme pour mettre tout l'univers à témoin de l'injustice dont faisait preuve à son égard son vieux mari:

- O toi! Toi qui porte le titre de Hadj, toi qui aimait tant ta famille et ton foyer (elle veut dire ta femme), tu me fais ça, tu humilies la fille de feu Hadj Abdeslam El Rharnati, tu la bafoues devant le proche et le lointain.

La voix de la vieille femme se brisa lamentablement. Elle termina dans une plainte:

- Je ne te pardonnerai jamais, jamais, ni dans ce monde ni dans l'au-delà.

Des sanglots convulsifs secouaient terriblement le corps

de Lalla Rhita. Hamid la prit contre lui et la serrait affectueusement dans ses bras. Il la laissa exhaler son amertume et quand elle se tut enfin, il lui dit:

- Le problème n'est pas uniquement le tien mère, c'est notre problème à nous tous. Karim et moi n'admettrons jamais que cette morveuse vienne nous enlever le pain de la bouche. Il ne s'agit plus de tergiverser ou d'attendre, nous allons agir de concert et très vite, car si cette canaille commence à proliférer comme les autres lapines de son genre, ce serait alors trop tard.

- Oui mon fils, ne lui laissez aucun répit. Moi, de mon côté, je ne trouverai de repos que si je l'abats, comme une chienne.

- Il le faut, fit Hamid d'un ton impérieux.

Hadj Boubker attendait impatiemment le jour de ses noces. Il arriva enfin. Dans l'après-midi du samedi, on récita la *Fatiha* et l'acte de mariage fut rédigé. Hadj Boubker avait envoyé des invitations à quelques unes de ses connaissances, mais seul Hadj Thami était arrivé en fin de matinée, muni de somptueux cadeaux. Tout avait été minutieusement préparé, on ne voulut transgresser aucun rituel. Bouazza, le père de Halima, voulait prouver à toute la tribu que bien que sa fille ait vécu plusieurs années loin du foyer, l'honorabilité de la famille n'était point mise en cause.

Les réjouissances commencèrent à la tombée de la nuit. Devant l'entrée de la vaste tente où se déroulaient les festivités, Bouazza recevait les invités. A l'intérieur, tout était abondant, tout était fastueux. La musique des *Chikhate* [1] remplissait la nuit, vibrait dans l'espace et la terre. Les chants intenses et chauds étaient rythmés par le martèlement des pieds, et le public devenu participant, ponctuait par le claquement des mains.

Hadj Boubker, vêtu de ses plus beaux habits traditionnels, était assis dans un coin, en compagnie de Hadj

---

1- danseuses populaires

Thami et de quelques notables de la région. Vers minuit, alors que la fête battait son plein, il profita de la ferveur soulevée par une danse particulièrement entraînante pour s'éclipser. Il partit rejoindre sa jeune épouse.

Dans la chambre nuptiale, Halima, richement parée, était assise au bord du lit. Quand Hadj Boubker fit son entrée, elle baissa la tête et ses joues s'empourprèrent. Il prit place à côté d'elle et commença à la gratifier de doux surnoms. Ensuite, du fond de sa *Choukara* il sortit un boîtier qu'il ouvrit lui-même pour extraire un lourd bracelet. Il le passa ensuite au poignet de Halima qui feignit l'indifférence, car, selon la coutume, elle ne pouvait en pareilles circonstances montrer trop de gaieté. Elle n'en faisait rien voir, mais en réalité toute son attention était concentrée sur la surface de contact du précieux métal avec sa peau et, mine de rien, elle soupesait, estimait, supputait mentalement le prix. Lorsque les mains tremblantes du vieil homme se perdirent dans les voiles délicats, elle ne fit aucun mouvement de recul.

Dans sa hâte fiévreuse et tout en articulant des bribes de paroles incompréhensibles, Hadj Boubker arracha un à un les vêtements de la jeune mariée. Ses doigts s'activaient fébrilement sur les boutons du *caftan*. Hors de lui et proférant des grognements confus, il se jeta sur le corps légèrement couvert. Il parut un instant reprendre ses esprits et se releva pour contempler à loisir l'anatomie aux formes parfaites. Ses yeux exorbités paraissaient se repaître du galbe des jambes, du contour des hanches, des seins gonflés de sève. Sans détourner son regard, Il se mit sur ses genoux et commença à se dévêtir. Dans sa hâte, et suant à grosses gouttes, il jetait brutalement l'un après l'autre ses effets, les envoyant à bout de bras à l'autre bout de la pièce. L'appétit qui le dévorait s'accentuait de plus en plus, exigeant d'être satisfait. Il y eut d'abord quelques incertitudes et Halima poussa un gémissement de douleur.

Exténué, Hadj Boubker s'écroula comme une masse

aux côtés de sa jeune femme. Son coeur battait à se rompre. Il pensa qu'il devrait se ménager, il n'était plus un jeune homme. Il ne put évaluer le temps qui s'était écoulé, une minute ou peut-être une heure, il n'en savait rien. Son souffle s'égalisa peu à peu, il se sentait maintenant pleinement satisfait, agréablement apaisé.

Quelques minutes passèrent, aucune parole n'avait été échangée. La respiration de Halima devint régulière; les préparatifs de ces derniers jours l'avaient durement éprouvée. Elle dormait. Hadj Boubker, étendu sur le dos, écoutait voluptueusement les chants venant des profondeurs de la nuit. Sa mémoire s'embrumait peu à peu pour sombrer dans la nuit noire d'un profond sommeil.

Dans le calme de la campagne et loin de la vie trépidante de la ville, Hadj Boubker retrouva sa force et sa vigueur. Chaque jour, il honorait sa jeune épouse. Parfois il se couchait las, les sens bien assouvis, mais se réveillait tard dans la nuit, une saillie lui crevant le bas de sa chemise. Il réveillait alors Halima qui, toujours de bonne grâce, étanchait sa soif. Au fil des jours, la fougue du vieil homme s'amenuisait; ses relations avec sa nouvelle femme diminuèrent considérablement puis s'espacèrent, non pas que son désir s'était émoussé, mais plutôt à cause de son énergie qui fléchissait. Et malgré les fortifiants et les produits aphrodisiaques de toutes sortes qu'il ingurgitait en cachette, il se réveillait le matin la gorge sèche, le teint blafard et tout le corps douloureux.

Halima se trouvait donc privée de plus en plus du moyen que sa cupidité et son tempérament de fille pratique avaient choisi pour soutirer de plus en plus d'argent et de cadeaux. Alors, elle commença à exercer sur son vieil époux les charmes de ses vingt ans. Elle apportait chaque jour un rehaussement nouveau à sa beauté, s'habillait légèrement et au son d'une musique orientale langoureuse, se trémoussait voluptueusement devant lui, dans des danses érotiques qui le rendaient fou de désir.

Il oubliait ses maux et la soirée se terminait dans des joutes qui se prolongeaient jusque tard dans la nuit. De ce jeu subtil et pervers, elle tirait un large profit, car l'oeuvre de chair ne s'accomplissait que lorsque le vieil homme, à demi-inconscient, promettait pour le lendemain des cadeaux dont la valeur s'élevait jour après jour.

Pendant ce temps, Lalla Rhita courait de marabout en marabout, de voyante en voyante et de sorcier en sorcier. On lui promettait à chaque fois le retour immédiat de son époux. Trois mois passèrent et le patriarche ne revint pas à sa maison de Salé. De miracle il n'en y eut pas encore, mais Lalla Rhita disposée comme la plupart des femmes à donner foi à l'irréel et au mystérieux, n'abandonna point. Ses fils, quant à eux, consultèrent les juristes les plus chevronnés à la recherche d'une faille pour débusquer Halima. Ils optèrent en fin de compte pour une surveillance accrue. D'après les renseignements, leur jeune belle mère, mue par un incoercible désir de mener une vie de femme moderne, s'habillait à l'occidentale, usait des artifices de la toilette, fréquentait les lieux les plus en vogue de Rabat et aussi militait activement dans des associations pour l'émancipation de la femme.

Et ce fut ainsi, jusqu'au jour où Hadj Boubker reçut la visite de Hadj Thami, venu s'informer de ses nouvelles. Dans leurs discussions, le visiteur reprocha à son ami de ne pas traiter les deux épouses sur le même pied d'égalité. Il l'exhorta à aller rendre visite à sa première femme comme le dictait la loi islamique. Il lui dit:

- En agissant de la sorte, tu te mets dans la position de quelqu'un qui a commis un délit. Ton remariage est tout ce qu'il de plus naturel, à la condition de respecter certaines règles. C'est nécessaire et les paroles du Livre Saint sont claires à ce sujet: «Si vous êtes incapables de rendre justice, prenez une seule». Alors, il est temps pour toi d'aller rendre justice, va accomplir ton devoir conjugal.

Lorsque son ami prit congé, Hadj Boubker resta pensif. Depuis qu'il avait quitté sa demeure de Salé, il s'était laissé aller, oubliant ses affaires, son épouse Lalla Rhita, sa famille. Il se rendait compte de sa faute maintenant. Il s'en voulait d'avoir enfreint le devoir d'assumer ses responsabilités. Il s'en voulait aussi de ne pas avoir su affronter la situation dès le début. Les aléas n'auraient certes pas manqué, mais les anciens avaient bien illustré le cas, ils disaient textuellement: Qui aime le miel, supporte les piqûres d'abeilles.

Le lourd marteau de bronze fit vibrer de trois coups la grande porte en bois de chêne. Lalla Rhita, assise dans son coin habituel du petit salon, tressaillit. Elle reconnaissait cette façon résolue de manier le marteau pour l'avoir entendue des années durant. Un éclair d'espoir passa sur son visage. Elle se leva, déployant une vivacité insoupçonnée et en quelques enjambées elle traversa le patio, atteignit la porte, tira vivement sur le verrou et ouvrit. Hadj Boubker était devant elle, un Hadj Boubker qu'elle reconnut à peine, car il n'avait plus sa barbe et avait troqué son généreux turban blanc contre un *tarbouche* écarlate. Elle s'écarta devant lui et, avec un geste de la main, elle l'invita à entrer. Elle balbutia:

- Entre donc, je ne m'attendais pas à ta venue.

Sans mot dire, le patriarche franchit le seuil et se dirigea vers le salon. Lalla Rhita le suivait. Il s'arrêta devant l'entrée, se tourna vers elle:

- J'ai fait preuve d'injustice à ton égard, je te prie de m'excuser.

Lalla Rhita baissa la tête, apparemment remuée par les humbles propos de son époux. Au bout d'un instant elle fit dans un souffle:

- Dieu merci, tu es revenu à la maison et cela suffit.

Hadj Boubker s'étendit sur la banquette, il avait posé son bras sur ses yeux. Lalla Rhita quitta doucement le salon, pensant que le patriarche était quelque peu confus et que le fait de lui imposer une présence pouvait augmenter son désarroi.

Lalla Rhita, pénétrée par tant de mansuétude, entoura son époux de mille attentions; elle le minauda, l'encensa. Pour le déjeuner, elle lui fit préparer son ragoût préféré. Au cours du repas, elle ne fit aucune allusion au problème de l'heure; elle parla surtout de la famille, des réparations entreprises dans la grande demeure. Hadj Boubker quant à lui, se montra peu loquace et pour les questions que lui posait Lalla Rhita, il répondait laconiquement par oui ou par non. A la fin du repas, alors qu'on s'apprêtait à quitter la table, on entendit un grand remue-ménage dans le patio. Aussitôt, dans l'encadrement de la porte, apparut Halima, suivie d'une servante toute ébaubie de s'être vue bousculée sans ménagements à l'entrée de la maison par cette belle et jeune femme qu'elle ne reconnaissait pas. Après un moment de surprise, Lalla Rhita se leva et marcha résolument sur la nouvelle venue. Elle vociféra:

- Comment peux-tu avoir le culot de revenir ici? Il n'y a plus de place pour toi dans cette maison! Tu le sais bien pourtant! Le mal que tu as causé ne te suffit pas? Mais de quelle genre es-tu? Quel est le diable qui se meut en toi?

Halima, grisée d'audace et glorieuse de défi, ne regarda même pas Lalla Rhita, feignant ignorer sa présence. Elle attendit que le silence se rétablit pour s'adresser lascivement à Hạdj Boubker:

- Alors, c'est comme ça, on file en douce sans crier gare.

Elle changea de pause, puis fit dans une grimace en ponctuant les mots:

- C'est sans doute un vieux tempérament qui remonte à la surface; l'appel du fumier, comme chez les bardots.

Lalla Rhita se dressa pesamment, ses lèvres frémissaient de colère. Les insinuations de Halima firent renaître en elle une humeur belliqueuse. Alors, les poings aux hanches, elle fustigea:

- Faut-il que j'appelle quelqu'un pour te jeter dehors?

Halima hésita un instant, puis elle renversa la tête et braqua sur sa détractrice un regard furieusement supérieur. Elle fit dans une moue dédaigneuse:

- Détrompe-toi ma chère, c'est aussi chez moi ici. Mais tout compte fait, je te le laisse le vieux gourbi, je t'en fais cadeau. D'ailleurs ça croule de partout et je n'ai pas envie de me trouver un jour sous les décombres. Je suis encore jeune moi! J'ai un avenir devant moi.

- Sors! Va-t-en d'ici sale traînée, ragea Lalla Rhita.

Halima fit un pas en arrière; les traits affreusement tordus de la vieille femme la firent frissonner. Elle dit en regardant Hadj Boubker:

- Mais elle a perdu la boussole! Je ne suis pas la seule à le dire, pour sûr que la vieillesse l'a rendue dingue! Tiens, il n'y a qu'à la regarder pour s'apercevoir qu'elle est complètement siphonnée de la coupole!

L'altercation tournait à l'aigre; les deux femmes n'étaient pas loin d'en venir aux mains. A cet instant, Hadj Boubker jugea qu'il était nécessaire de faire quelque chose. Il s'approcha d'elles et bredouilla:

- Reprends-toi... Rhita! Sois raisonnable... Halima! Les domestiques peuvent écouter... Vous ne savez pas ce que vous dites.

Sa voix se perdit dans le brouhaha de la chamaillerie; aucune des deux femmes n'avait entendu ce qu'il disait. Alors il recula à petits pas, se disant qu'elles pouvaient bien régler sans lui leur problème. Il sortit de la pièce en répétant: «quelle soupe!» (littéralement) Et gagna doucement la sortie. Après un instant Halima se retourna. Elle ne le vit pas. Il n'était plus là. Elle se sentit soudain vulnérable et, prise de panique, elle quitta aussitôt les lieux.

Hadj Boubker la guettait au coin de la ruelle. Au bout d'un moment, il la vit venir à grands pas, en jetant furtivement des coups d'oeil par dessus son épaule pour voir si elle n'était pas suivie. Lorsqu'elle arriva à sa proximité, il crut important de dire quelque chose. Il bafouilla:

- Ouf! Sale boucan, hein!

Halima le jaugea d'un air désolé, elle se détourna de lui vivement et activa le pas. Il se contenta de la suivre, le dos voûté, en ruminant des paroles incompréhensibles. Il marchait derrière elle, se frayant un chemin au milieu de le cohue compacte des souks, perdu, plus noyé dans sa pensée embrouillée que si on l'avait jeté dans une forêt inconnue. Dans la grand rue, elle héla un taxi. Un peu plus tard, Hadj Boubker arriva haletant, essoufflé. Il eut à peine le temps de s'engouffrer dans le véhicule qui démarrait déjà.

Sur le chemin de retour à la ferme et le restant de la journée, aucune parole n'avait été échangée. Le dîner se passa dans une morosité déconcertante. Halima quitta très vite la table et Hadj Boubker resta seul, l'air bovin. Il semblait avoir vieilli de plusieurs années.

Dans la chambre à coucher où il venait de rentrer, il n'y avait personne. Halima, boudeuse, l'avait désertée pour s'installer dans un coin du salon, face au mur. Elle s'était pelotonnée dans une couverture, ostensiblement peu encline à nouer un quelconque entretien. Hadj Boubker s'approcha, le regard servilement dévidé sur elle. Il fit d'un ton obséquieux:

- Alors! Tu n'as pas l'air en forme, qu'est ce qui t'arrive?

Halima dégagea son visage et le toisa d'un regard farouche. Puis elle reprit sa position initiale et dit d'un ton neutre:

- Laisse-moi, j'ai envie d'être seule.

- Pourquoi seule? Qu'est ce qui ne va pas?

Elle se releva prestement à demi, l'expression de son visage était empreinte d'une hargne si évidente que le vieil homme resta cloué sur place. Elle égrena avec une rageuse véhémence:

- Ah les belles paroles qu'il me débite chaque jour! Des boniments!... Du blabla en couleur!... Et moi qui le croyait!... Des clous!... du vent!... Pfft!

Hadj Boubker prit un air stupéfait. Il hasarda avec difficulté, comme s'il extirpait les mots l'un après l'autre:

- Mais de quoi s'agit-il? J'avoue ne rien comprendre.

- Oh le pauvre chou, il ne comprend rien. C'est vrai, il n'a jamais rien compris. Sa femme se fait malmener sous ses yeux et il ne lève même pas le petit doigt, voilà ce qu'on appelle ne rien comprendre. Je parie que si quelqu'un m'agresse dans la rue, même devant lui, mon chère époux dira: j'avoue ne rien comprendre.

Puis elle reprit après une courte pause:

- Moi, par contre, j'ai compris, j'en ai maintenant la preuve éclatante. J'ai compris que l'Homme sur lequel on comptait et qui a pour premier devoir de protéger sa femme s'est comporté comme la pire des mauviettes. J'ai compris aussi que je ne peux compter que sur moi-même, voilà tout.

Elle reposa sa tête et la recouvra nerveusement en marmonnant des mots isolés, des lambeaux de phrases inachevées. Pendant ce temps, Hadj Boubker déboussolé, cherchait à se reprendre:

- En voilà des idées, fit-il faussement indigné, je m'attendais à tout, sauf à ça!... Ne suis-je pas sorti? Je me suis retiré parce que j'avais peur de perdre patience et commettre un acte irréparable.

Il observa un instant de silence pour rassembler ses idées, puis il continua:

- Il m'a fallu faire des efforts surhumains pour ravaler ma colère et contrôler mes mains... Je ne permettrai jamais... Elle regrettera... Sois-en sûre.

Il se baissa et sa main vint flatter le dos de la jeune femme. Il poursuivit d'un ton cajoleur:

- Ne te fâche pas... Je te revaudrai ça demain. Allons, quitte cet air là, ça ne te va guère et lève-toi...

A ces paroles, le coeur de Halima se ramollit. Elle tourna vers lui un visage moins crispé, mais qui gardait cependant une expression de férocité rusée. Elle dit en battant des cils:

- Bien! Si tu promets de lui donner la leçon...

Les jours passèrent. Halima devint de plus en plus exigeante et son vieil époux n'était devenu pour elle qu'une machine à procurer de l'argent. D'habitude, il s'exécutait sans mot dire, mais au fil des jours, des signes d'irritation commencèrent à déformer les traits de son visage. Il en était arrivé au point où il ne donnait plus d'argent sans l'accompagner de réflexions qui se corsaient chaque fois un peu plus.

Un matin, alors qu'il s'apprêtait à sortir, elle vint se coller à lui. Elle commença à se frotter à son corps, déployant tout son charme pour flatter les instincts voluptueux du vieil homme. Elle prit ensuite sa main dans les siennes avec une sensualité provocatrice et dit d'un air de petite fille gâtée:

- Tu sais, je veux te demander un petit quelque chose, mais j'ai peur que tu me dises non, promets-moi de ne pas dire non...

- Que Dieu nous fasse entendre du bien, fit Hadj Boubker soupçonneux.

- Alors, tu me promets?

- Mais quoi? Je ne peux promettre sans savoir de quoi il s'agit.

- Tu sais, fit-elle précautionneuse, la couturière réclame l'argent que je lui dois, rassure-toi il n'y a rien d'important, juste quelques trois mille dirhams. Il y a aussi le bijoutier, tu sais... Abitbol... le juif... il te connaît bien, je lui dois encore mille sur une chaînette. Et puis, il y a mon argent de poche, je n'ai plus rien pour mes petites dépenses.

Hadj Boubker, les joues fripés écoutait, le chef agité d'un mouvement de haut en bas. Lorsque le silence se fit, il releva la tête et sa réponse ne se fit pas attendre, elle tomba cinglante, définitive, tranchante comme le fil d'une épée:

- Je n'ai rien à te donner! Pas un radis! Pas le bleu

soldi[1]!... Rien! Absolument rien!

Halima s'écarta brusquement de lui, elle le toisa d'un regard terrible, elle grinça:

- Comment rien! Ce n'est pas grand chose cinq mille dirhams! Un fétu de paille! Qui c'est qui n'a pas cinq mille dirhams? Tout le monde a bien cinq mille dirhams dans sa poche! Tu ne vas pas me dire que tu ne l'as pas sur toi!

- Mais tu es insatiable, fulmina l'autre, te rends-tu compte au moins de ce que tu m'as fait? Tu m'as dépouillé, lessivé, raclé le fond de la *choukara*. Un fléau de Dieu, ma parole, un fléau de Dieu.

- Ah! Ca c'est le bouquet, fit Halima dont les joues luisaient d'un vif éclat, tu ne vas tout de même pas me coller tes déboires financiers sur le dos! Mais où veux-tu que j'aille chercher de l'argent, continua-t-elle rageuse, à moins que...

Elle s'arrêta net, ayant pris conscience à la dernière seconde de l'énormité de ce qu'elle allait dire.

- Continue! intima Hadj Boubker dont la mâchoire inférieure était terriblement déplacée.

- Et bien, puisque tu m'y pousses, fit-elle hargneusement, je vais te déballer les quatre vérités: Si tu crois que je peux vivre d'amour et d'eau fraîche, tu te fiches drôlement le doigt dans l'oeil. Tu ne te rends pas compte de ce que tu possèdes. Il est temps de te réveiller, ton assoupissement n'a que trop duré.

Elle observa un instant de silence pour donner une teneur à ce qui allait suivre. Elle dit en affectant un air avisé:

- Tu dois t'estimer heureux, Il y en a qui voudraient bien être à ta place, tu sais? Je n'ai qu'à lever le petit doigt pour que toute une cohorte de soupirants se mette à plat ventre devant moi.

Hadj Boubker était resté bouche ouverte, les traits figés dans une immuable expression d'horreur. Il était

---

1- sou

écrasé par les cruels propos qu'il recevait comme autant de coups de poignard. Halima profita de son état d'hébétude pour continuer sèchement:

- Que tu le veuilles où non, tu dois absolument couvrir mes besoins, tous mes besoins, sinon...

Elle baissa les paupières, les doigts de son pied farfouillaient dans la haute laine du tapis, puis elle laissa tomber avec une lenteur qu'elle voulait solennelle:

- Celui qui nous a uni, peut bien nous séparer.

Un profond silence, tout à coup, s'était fait. Le carillon de l'horloge du vestibule sonnait dix heures, Halima regarda machinalement sa montre bracelet; elle avait rendez-vous avec la coiffeuse à dix heures trente. Hadj Boubker leva la tête, regarda son épouse avec fixité, voulut dire quelque chose, mais aucun son ne sortit de sa bouche. Après un moment pendant lequel il déploya toute sa volonté pour réprimer la colère qui l'assaillait, il articula d'une voix cassée par l'émotion:

- Je crois bien comprendre que tu veux la séparation.

- Oui, c'est ça, le nargua-t-elle.

Il fit un pas, son pied buta sur le bord du tapis. Il siffla:

- Du chantage maintenant!

- Interprète ça comme tu l'entends, fit-elle avec un air faussement détaché.

Un lourd silence plana dans la pièce. La voix de Hadj Boubker se fit entendre, calme, soutenue:

- Pour une fois, tu demandes quelque chose qu'un homme digne ne peut refuser à sa femme. Eh bien soit... je te l'accorde... considère-toi dès à présent que tu n'es plus rien pour moi... tu es répudiée! Tu entends?... Tu es répudiée!

Halima reçut à la face ces dernières paroles comme une volée de gifles. Elle n'en fit rien voir et alors, la tête renversée et pleine d'une morgue certaine, elle riait aux éclats, d'un rire sarcastique, strident.

Le dos voûté, le vieil homme s'éloigna pesamment en direction de la chambre à coucher. Et pendant qu'il s'affairait dans les armoires, Halima, les traits maintenant tirés, lui expédia à brûle pourpoint:

- Ha ha! Laissez-moi rire. Tu es répudiée qu'il dit. Ha ha! Mais au diable! Ouf! Quel bon débarras! Un de perdu dix de retrouvés... Cela dit, ne pavoise pas de sitôt. On verra bien si ton arrogance durera, on verra bien si tu as assez de cran pour tenir longtemps.

Hadj Boubker ne broncha pas, il resta stoïque et c'était ce qui énervait encore plus Halima. Elle eût voulu une réplique de sa part, elle eût préféré le voir contracter une grande colère, qu'il l'injuriât ou même la battît, c'eût été moins dur que la placidité onctueuse qu'il affichait.

Halima avait perdu le contrôle d'elle-même. Elle bouillait, invectivait, mais lui, cantonné dans un mutisme absolu, ne répondait pas. Les dures paroles qu'elle lui jetait à la figure ne faisaient que le raffermir dans sa décision. Elle s'énerva encore plus parce qu'il ne disait rien. Ce n'était pas possible, se disait-elle, il n'avait pas de coeur, il fallait donc le secouer davantage, lui faire voir sa gueule dans le miroir (traduction littérale). Alors, elle augmenta la dose, dans le but de le faire sortir de son silence. Elle poursuivit:

- Je te vois revenir à quatre pattes, prêt à me baiser les pieds. Tu ramperais comme une bête, tu lécherais le parterre que je ne te ferai le bénéfice du moindre coup d'oeil.

Enfin, au moment où Hadj Boubker était prêt d'atteindre la sortie, elle rejeta les cheveux en arrière et le visage enflammé, le fouetta d'un ultime sarcasme:

- Bien sûr, qui se roule dans du son se fait picorer par les poules (traduction littérale). Tu te rendras compte de ma valeur, mais ce sera trop tard et tu t'en mordras les doigts. Pour sûr qu'on entendra de tes nouvelles.

Hadj Boubker n'était plus là pour entendre la fin de la diatribe, il cheminait lentement vers la grand route.

CHAPITRE VI

Le vieil homme longeait d'un pas lent la ruelle menant à sa demeure de Salé. Il avait l'air abattu et le visage décomposé de quelqu'un qui eût respiré un air nocif. Il s'était délesté en cours de route de sa *djellaba* et la portait sur son épaule.

Arrivé devant la grande porte, il hésita un instant à manier le lourd marteau de bronze. Puis, jugeant qu'il n'était pas nécessaire de faire trop de bruit, il tapa du plat de la main par deux fois sur le vieux bois. Quelques secondes s'écoulèrent, et au moment où il tendait le bras pour refaire le même geste, le grincement des verrous se fit entendre et aussitôt la porte s'entrebâilla. La servante recula en bafouillant d'incertaines paroles de bienvenue et à l'instant où Hadj Boubker allait franchir le seuil, la voix éraillée de Lalla Rhita se fit entendre au loin:

- Qui est-ce?

- C'est Sidi, bredouilla la servante.

Lalla Rhita se leva, jeta un coup d'oeil autour d'elle, fit ensuite le tour du petit salon, retapant un coussin au passage et sortit. Dans le patio, elle vit arriver le patriarche à petits pas. Il avait maigri et son dos s'était quelque peu voûté. Quand il s'approcha d'elle, elle lui dit:

- Alors, elle t'a séquestré tout ce temps là-bas? J'espère qu'elle ne viendra pas comme l'autre fois pour t'entraîner comme un gamin.

- Non, cette fois c'est fini, répondit-il d'une voix lasse.

- Quoi fini? questionna-t-elle.

- Oui, c'est fini, je l'ai quittée définitivement, je l'ai répudiée.

Un lourd silence s'installa pendant lequel Lalla Rhita pensait au dernier *Fkih* qu'elle avait consulté et pour lequel elle avait fait le voyage jusqu'à la lointaine tribu des *Sraghna*. Une profonde jubilation fit frémir tout son corps. Elle ne put s'empêcher de répéter triomphalement au fond d'elle-même:

- Ca y est! Il l'a eue! Un vrai *Malem*[1] celui-là, il a bien l'air de savoir manipuler tous les diables du monde. Tout compte fait, il n'est pas trop cher, il a bien mérité les mille dirhams et le mouton.

Hadj Boubker entra dans le petit salon et s'assit sans force sur une banquette. Il toussait de fatigue. Il leva la tête, sa bouche se tordit en une sorte de grimace qui aurait pu passer pour un sourire. Il balbutia d'une voix à peine audible :

- Tu sais, j'ai commis l'erreur de ma vie.

Et comme Lalla Rhita ne disait rien, il poursuivit:

- J'ai dû commettre une mauvaise action... je l'ai payée si cher.

Elle le regardait avec insistance. Ce n'était plus le patriarche qu'elle avait connu; il paraissait affaibli et son visage avait perdu de sa noblesse.

- Voilà où le mène son dévergondage! pensa-t-elle, voilà ce qui arrive quand on se commet avec les fripons! Il ferait mieux de se taire.

La haine qui l'avait rongée des mois durant et qui s'était endormie, se réveillait soudainement. Les traits torturés, elle se remémora avec fureur les instants difficiles qu'elle avait passés, les humiliations qu'elle avait essuyées. Hadj Boubker baissa la tête, son front était labouré de

---

1- ici Maître

longues rides. Il avait deviné la pensée de son épouse. Il n'ajouta plus rien.

Au bout d'un instant, la vieille femme exhala un long soupir. Elle observait attentivement le patriarche figé dans son attitude d'homme abandonné, quasiment prostré et incapable de se secouer pour réagir. Elle ne l'avait jamais vu ainsi, il était digne de commisération. Et ce fut comme un éclair; les idées qui la hantaient furent tout d'un coup balayées de sa mémoire comme un souffle de vent sur des feuilles mortes. Ses yeux se noyérent de tendresse:

- Il est assez malheureux comme ça, se dit-elle, pourquoi l'affliger encore plus.

Elle posa tendrement la main sur l'épaule de son époux. Elle murmura:

- Il y a des blessures qui ne se ferment pas et continuent de suppurer, mais Dieu soit loué, tu dois le remercier de t'avoir délivré.

La première semaine se passa sans encombre, Hadj Boubker reprit ses activités. Toutefois de temps à autre, lorsqu'il restait seul, l'image de Halima venait le hanter. Il essayait de toutes ses forces de l'écarter, mais elle revenait hargneuse, défonçant les barrières de sa pensée et s'imposait implacablement. Il y avait des jours où il ne sortait pas; il restait assis dans un coin de sa chambre, le regard absent. Lalla Rhita, très inquiète, venait s'asseoir près de lui; elle essayait de le distraire par toutes sortes de babillage, mais lui, dans son engourdissement, ne parlait pas, ne souriait pas. Sa physionomie restait impénétrable.

Jusqu'à quand resterait-il ainsi? Elle ne savait pas. Le spectre de Halima le poursuivait toujours, elle en était convaincue. Son physique se dégradait jour après jour et même sa voix avait perdu son timbre. Elle ne pouvait rien faire pour l'aider. Elle essaya cependant d'intervenir en étalant devant lui les tares de celle qui le tourmentait et lui montrer de quel bas niveau il était remonté en abandonnant cette gueuse. Elle lui dit:

- Te rappelles-tu du jour où cette petite canaille est arrivée à la maison? Je craignais... à présent je peux te le dire... j'avais peur que tu ne la jettes dehors. Je ne pensais pas qu'un être humain puisse survivre avec une vermine aussi grouillante dans la chevelure. Les poudres classiques n'ont donné aucun résultat, un cautère sur une jambe de bois. Pire encore, ça a fait l'effet d'un revigorant, car au lieu de disparaître, ces bestioles se sont mis à proliférer à qui mieux-mieux. Mais je ne me suis pas découragée pour autant, et devine un peu ce que j'ai fait? Non, tu ne trouveras jamais!... Eh bien le pétrole lampant, oui, le pétrole lampant. Cette petite ingrate est restée groggy pendant trois jours mais a fini tout de même par se débarrasser de ses parasites. Et puis il y avait aussi la pelade, ce n'était certes qu'à ses débuts, mais n'empêche que j'ai eu du mal à l'enrayer.

Elle observa un moment de silence. Hadj Boubker ne disait toujours rien. Elle ne savait même pas s'il l'écoutait. Eh bien tant pis, puisqu'elle avait commencé, elle irait jusqu'au bout, et puis n'était-ce pas une façon de se relâcher un peu l'esprit, cette voleuse d'hommes méritait bien plus que cela. Elle continua:

- Oh! Ce n'est pas fini... Il n'y avait pas que les poux et la pelade! Il y avait aussi les incontinences nocturnes. Du jamais vu. Tiens-toi bien!... A l'âge de quinze ans, elle mouillait encore ses culottes; son lit était devenu si repoussant et sa chambre si malodorante qu'il m'a fallu soudoyer à chaque fois les servantes pour qu'elles acceptent d'y faire le ménage.

Lalla Rhita s'ingénia en quelques phrases à dénaturer cette femme qui obsédait tant son époux, à la dépouiller de tous ses attraits, pour la rendre en fin de compte indigne du moindre regret.

De temps à autre, le patriarche se levait, faisait quelques pas dans le patio, sans envie, l'air déprimé, puis regagnait son coin où il restait à se morfondre durant de longues heures. Quand il sortait dans la rue, il lui arrivait de revoir le visage de son ex-épouse dans celui d'une passante et ne se rendait compte de sa berlue qu'au moment où la dame le croisait.

Son cas s'aggravait de jour en jour et maintenant Halima ne le quittait plus. Dans son sommeil, elle venait s'offrir à lui, nue. Il se réveillait haletant. Parfois le rêve se transformait en un affreux cauchemar où elle fondait sur lui, les yeux glauques et la serre crochue, comme un Rokh, et il sursautait de son lit en poussant de grands cris. Toute la maison accourait. On essuyait la sueur qui dégoulinait de son front et du bout de son nez, on lui serrait la tête au moyen d'une écharpe trempée dans de l'eau de rose. Lalla Rhita l'interrogeait. Il ne répondait pas. Il restait assis et parfois, les pupilles arrondies, il baragouinait des bribes de paroles incompréhensibles.

Il sortit un matin aux premières lueurs du jour. Lalla Rhita pensa que c'était bon signe, qu'une virée matinale ne pouvait-être que bénéfique pour sa santé. Elle attendit longtemps et dut retarder le petit déjeuner, mais il ne rentra pas. Vers quatorze heures, à bout de patience, elle envoya une servante à sa recherche dans différents endroits de la ville. Après deux heures d'une course vaine sous le soleil brûlant, la domestique revint, la mine sombre et les pieds endoloris.

L'idée que Hadj Boubker était retourné à la ferme et qu'elle avait repoussée au début, s'ancrait peu à peu dans sa tête. Et ce fut le coup de grâce lorsqu'un voisin du quartier affirma avoir vu le patriarche monter dans un autocar en partance pour la petite ville de Roumani. Maintenant il ne restait plus aucun doute, c'était bien la direction de la ferme. La route traversait en effet une partie des terres et les bâtiments étaient à quelques encablures.

CHAPITRE VII

Hadj Boubker marchait sur le chemin qui serpentait au milieu des champs, reliant la grand route aux bâtiments de la ferme. Il allait d'un pas ferme, comme s'il était poussé par une force obscure. Il savait que Halima était à la maison, elle ne pouvait la quitter avant la fin de la période de trois mois qu'octroie la loi aux femmes répudiée. Il se surprit même à fredonner des paroles de vieille musique *Rharnati*[1]. Il chantait probablement pour meubler le temps et aussi pour dissiper le malaise diffus causé par la gêne d'affronter celle qu'il avait abandonnée quelques semaines auparavant. Il revenait maintenant la tête basse, comme elle le lui avait prédit, le jour où il l'avait quittée. Devant la porte, Il resta un instant indécis; sa raison eut beau se rétracter, son amour propre eut beau se rebeller, mais c'était en dehors de sa volonté, le désir de la revoir était le plus fort. Alors, sans se rendre compte, il poussa la porte et se retrouva au milieu du grand hall. Des enfants couraient en tous sens, piaillant, grimpant sur les meubles. Il se demanda s'il n'était pas sujet à quelques illusions fantomatiques, mais il se ravisa lorsque Bouazza sortit d'une chambre, suivi de la fermière. Le père de Halima avait troqué son éternel bleu de

---

1- originaire de Grenade

travail délavé contre des habits traditionnels neufs. Et Hadj Boubker reconnut sa *djellaba* immaculée du vendredi, sa plus belle chemise et ses babouches neuves. Il fit semblant de n'avoir rien remarqué. L'autre, qui d'habitude le recevait avec un respect quasi révérencieux, faisait preuve maintenant de moins d'empressement, voire même d'une outrecuidance à peine voilée. Derrière lui, sa femme, un bébé sur le dos, épiait le nouveau venu d'un oeil oblique.

Hadj Boubker salua en amorçant un sourire et demanda:

- Où est Halima?

Bouazza releva soudain la tête, toisa son interlocuteur d'un regard terrible et fit sur un ton d'insinuations très significatives:

- Halima! Quelle Halima? S'il s'agit de celle que nous connaissons tous, je crois bien savoir que tu l'as abandonnée depuis longtemps, jetée comme un poisson pourri, avilie, durement déshonorée, injustement plaquée, sans raison, aucune raison. Tu sais, la providence donne à certains la chance de devenir grands patrons, mais ne leur donne aucunement le droit de se jouer de la respectabilité des gens, même quand ils les emploient.

Et il leva les bras vers le ciel, dans un mouvement où il y avait la surprise et l'interrogation:

- Qui peut croire?... Et dire que tout cela vient d'un homme qui personnifiait à nos yeux le bon sens. O mon Dieu! La confiance n'a plus sa place dans ce monde, où allons-nous donc?

Et comme Hadj Boubker restait silencieux, la bouche lamentablement figée dans un sourire torturé, le père de Halima en profita pour continuer:

- Tu sais, nous n'avons pas été choyés par la vie, mais nous avons notre dignité, nous sommes malgré tout des gens honorables.

La fermière hochait bigrement le menton, en signe de

profonde approbation. Hadj Boubker pensa qu'il fallait dire quelque chose. Il changea de pause, puis dit d'un ton conciliant:

- Allons Bouazza, ne te fâche pas, c'est une erreur, tout le monde est passible d'en commettre, on va arranger tout ça, crois-moi.

- Pas si vite mon ami, rétorqua le père de Halima, elle a juré par Dieu et par tous les Saints de ne plus te revoir. Et entre nous, avec ce qu'elle a enduré, on ne peut que la comprendre...

Après un moment d'habile suspension, il reprit en imprimant à sa tête un mouvement de va et vient, l'air compatissant:

- Inimaginable ce que la petite a enduré comme souffrances!

- Ce n'est rien, c'est vite effacé, tu verras, bredouilla le vieux.

Le fermier, confiant dans le scénario minutieusement mis au point par sa fille et aussi encouragé par l'attitude défensive de Hadj Boubker, fit d'un ton réprobateur:

- Et puis quoi encore? Maintenant qu'elle est sur le point de surmonter son infortune, qu'elle est en train de reprendre goût à la vie, tu viens raviver la plaie, avoue que c'est un peu fort...

Un silence suivit. Hadj Boubker voulait se justifier, mais il ne savait par quel biais reprendre la conversation. Il posa la main sur l'épaule de Bouazza. Il lui dit:

- Je comprends ta colère Bouazza, et Dieu sait combien tes paroles m'ont fendu le coeur, mais j'ai déjà dit que l'erreur est humaine. Il faut admettre que tout le monde peut se tromper dans la vie. Nul n'est parfait en ce bas monde.

Puis il ajouta en couvrant de son bras les épaules de son employé et beau-père:

- Mais sois en sûr Bouazza, je me rachèterai, je te revaudrai bien tout cela.

Le fermier, flatté par le geste et séduit par les dernières

res paroles, baissa la tête, il dit:

- Halima est dans sa chambre, va la voir, je ne sais pas si elle est disposée à t'écouter, je ne te garantis rien.

Lorsque Hadj Boubker s'éloigna en direction de la chambre à coucher, Bouazza se tourna vers son épouse en arborant un air triomphal. Il lui souffla:

- Alors, qu'est ce que tu en penses? On le détient... le bourgeois...

- Un dépeçage de bouc (traduction littérale) qu'il lui faut, fit hargneusement la femme.

- Pour ça, je fais confiance à la petite, elle va bien s'en occuper.

Hadj Boubker poussa doucement la porte. Il vit Halima étendue sur le lit. Son bras gauche mis en équerre soutenait sa tête, tandis que de l'autre main, elle feuilletait mollement une revue de mode. Les chemises d'intérieur qu'elle portait lui donnaient un aspect vaporeux, presque immatériel. Quand elle se tourna vers la porte, elle montra un visage savamment maquillé. Elle avait passé une bonne partie de la matinée devant sa table coiffeuse, occupée dans un fin travail de rehaussement féminin, de doux massages, d'arrangements intimes. L'arrivée de Hadj Boubker ne lui causa pas de surprise. Elle l'attendait. Elle savait qu'il allait venir. D'où détenait-elle l'information? Elle seule pouvait répondre. Dans tous les cas, elle s'était juré de le faire revenir et, pour tenir son serment, elle avait mené un combat implacable, avec des assauts invisibles et des ripostes sournoises. Son voeu s'était enfin accompli, il était là, servile, bas, prêt à s'exécuter au moindre de ses gestes. Elle le regarda un instant, la bouche ramassée en une moue boudeuse, puis se tourna vivement de l'autre côté, mettant en valeur, avec un art consommé, les contours d'un corps parfait.

Hadj Boubker avança d'un pas, et après s'être éclairci la gorge, il fit dans un sourire pâle:

- Tu es fâchée contre moi?

Halima ne répondit pas. Elle fit semblant de n'avoir

rien entendu et continua à feuilleter distraitement les pages de la revue. Hadj Boubker toussa une seconde fois; il voulait lier un entretien pour dégeler la situation. Il attendit encore un instant, puis il bredouilla d'une voix éteinte:

- Un fâcheux malentendu, n'est-ce-pas?

C'était plus qu'elle n'en pouvait supporter. Pourtant elle s'était juré de lui rendre pour ainsi dire la pièce; elle voulait le torturer au moyen du silence, comme il le lui avait fait, le jour où il l'avait quittée. Elle était décidée à lui opposer l'arme redoutable du silence, l'écraser impitoyablement, jusqu'à le rendre aussi plat que le tapis sur lequel elle marchait. Elle voulait faire tout cela pour lui apprendre à la narguer de son silence, mais les paroles qu'il venait d'éructer lui soulevèrent le coeur, ravivant son instinct belliqueux. Elle se releva tout à coup et lança d'un ton narquois:

- Ah! Ah! Voilà ce qu'il trouve à dire... Un fâcheux malentendu. Rien que ça... Il faut vraiment avoir un sens du ridicule très développé pour oser parler tout bonnement de simple malentendu. Détrompe-toi mon cher, c'est bien autre chose qu'un malentendu. C'est une déflagration! Un attentat! Un monstrueux abus de confiance! Un crapuleux cafouillage! Et j'en passe! Voilà ce qu'est ton fâcheux malentendu!

Le vieil homme, courbé en deux et ostensiblement prêt aux pires bassesses, se borna à murmurer:

- L'autre jour tu m'as dit...

- Qu'est-ce-que j'ai dit? l'interrompit-elle, je n'ai rien dit de désobligeant, j'ai demandé uniquement mes droits. Dans tous les cas, si j'ai dit quelque chose qui t'a offensé outre mesure, je ne le pensais pas, c'était des paroles en l'air.

- Que Dieu maudisse Satan, glapit humblement Hadj Boubker, tu as raison de t'emporter contre moi, je ne sais pas ce qui m'est arrivé ce jour là.

Un silence suivit. Halima avait repris sa position du

début et y demeura farouche, silencieuse. Ses doigts pianotaient nerveusement sur la couverture de la revue. Maintenant qu'elle avait dit ce qu'elle avait à dire, elle semblait peu encline à renouer l'entretien. Hadj Boubker s'en rendit compte; il connaissait le caractère intransigeant de la jeune femme et était persuadé qu'aucun argument ne pouvait la fléchir. Aussi s'empressa-t-il de faire son choix parmi les moyens aptes à stimuler son esprit mercantile. Il lança:

- J'avoue ma faute et je suis prêt à te dédommager... Qu'est-ce que tu dirais de la ceinture en or, celle dont tu m'as parlé l'autre fois? Tu la veux toujours?

Il avait vu juste, elle était très sensible au métal jaune, car la seule prononciation des deux lettres la firent frissonner de tout son corps. Cependant, Il ignorait que cette fois elle avait d'autres ambitions, elle voguait sous d'autres cieux et voyait plus haut, bien plus haut que cent ceintures réunies. Elle se leva, fit un pas vers lui, son visage gardait toujours un air offensif. Elle fit d'un ton perfide:

- Toi, au moins, tu n'as pas de complexes... Tu crois que c'est si simple que ça, après m'avoir traînée dans la boue!

Elle observa un instant de silence pour donner plus de poids à ce qui allait suivre et reprit sur un ton de cordialité insidieuse:

- A ton avis, qu'est ce que je vais raconter à mes amies? A ma famille? Aux proches? Je leur dis que tu m'as réhabilitée, comme une boniche qu'on reprend par charité? Que je t'ai supplié à genoux pour me revenir? Non non, fils de gens respectables (traduction littérale), n'ajoute pas de bois au bûcher, et surtout ne profite pas de l'occasion pour te moquer d'une femme seule, sans défense.

Elle prit ensuite un air de sérénité calculée et déclara avec fermeté:

- Toutefois, et si vraiment tu insistes, il y a... je ne dirais pas des conditions, mais plutôt des arrangements, de simples arrangements, sans lesquels il m'est difficile d'envisager quoi que ce soit.

Halima essayait de contrôler ses attitudes, ses gestes. Elle était consciente que son avenir dépendait de cette démarche, mais ne savait pas encore quelle serait la réaction de Hadj Boubker lorsqu'elle lui découvrirait la teneur de sa demande. Alors, malgré elle et presque à son insu, ses joues s'empourpraient, ajoutant une note presque émouvante à sa beauté.

Pendant ce temps, l'esprit du vieil homme était accaparé par d'autres idées; il s'émerveillait des yeux fardés au khol qui, tour à tour, clignaient délicieusement ou s'agrandissaient à l'engloutir; se pâmait devant les lèvres pulpeuses dont les lignes étaient savamment tracées. Il écoutait sans entendre, perdu qu'il était dans les méandres de sa pensée. Aussi, ne retint-il du discours que quelques mots épars.

Quand elle se tut enfin, il mit un temps pour se ressaisir. Il crut alors nécessaire de dire quelque chose. Il hasarda:

- Allons... allons Halima, je n'ai pas dit le contraire, c'est ton droit le plus absolu.

Elle le regarda avec fixité, puis égrena doctoralement, appuyant sur chaque syllabe:

- La... vil... la!

- C'est quoi? Je n'ai pas compris, fit-il les yeux écarquillés.

- Tu veux que je te fasse un dessin? s'insurgea-t-elle, pourtant c'est clair, j'ai dit la villa, la villa du Souissi, tu comprends maintenant... Eh bien je la veux, je veux que tu me la lègues, que tu l'enregistres en mon nom, une donation quoi!... Je pense que ce n'est pas trop te demander, n'est-ce-pas?.

A ces paroles, le visage de Hadj Boubker devint blême et se froissa piteusement. Il sentit sa gorge se serrer et l'air y entrait difficilement comme s'il eût avalé une bouchée de travers. Il toussota un moment; son esprit torturé tâtonnait à la recherche d'une réponse. Il bredouilla enfin et sa voix produisit une espèce de gargouillis à peine intelligible:

- Euh... oui... la villa... Tu as dit?

Son esprit fiévreux raclait les coins obscurs de sa mémoire, dans l'espoir de trouver une réponse quelque peu cohérente. Il amorça un sourire qu'il voulait confiant, mais sa bouche se tordit en un misérable rictus. Il fit d'un ton fielleux:

- Villa! C'est bien prétentieux comme appellation, disons plutôt une maison, ou plus exactement une maisonnette dont la construction date d'il y a vingt cinq ans, un quart de siècle, tu comprends? Je ne sais pas en quoi peut t'attirer un gourbi pareil.

- Gourbi! fit-elle rébarbative, tu appelles ça un gourbi? Tu crois que je ne l'ai pas vu ton...

Elle s'arrêta net. Vraiment, elle se laissait aller parfois; ce n'était pas le moment de commettre une maladresse. Qu'il dénaturât la superbe villa dans le but de la faire revenir sur sa décision, il pouvait le faire tant qu'il voulait, elle n'en démordrait point. Ces tentatives, maladroites du reste, pouvait même la servir si elle les exploitait de manière intelligente. Il ne savait pas qu'elle s'était arrêtée plusieurs fois devant les grilles du jardin, qu'elle avait passé de longs moments dans la fraîcheur sous les grands arbres, à contempler les toits en tuiles vertes et savouré à loisir le silence des quartiers résidentiels, celui-là même qui dénote le confort dans la tranquillité. Elle se ressaisit très vite et rectifia:

- Eh bien ce gourbi, comme tu as dit, m'intéresse, je l'accepte tel qu'il est, je t'en débarrasse.

Hadj Boubker, atterré, fit glisser une main tremblante sur son visage, il tira sur la lobe de son oreille comme pour la détacher et dit sur un ton de sage conseil:

- Entre nous, ce n'est pas la bonne affaire, crois en un connaisseur, car avec les impôts, le gardiennage et les factures de toutes sortes, tu ne pourras jamais t'en sortir... Non, crois-moi, ce n'est pas la bonne résolution. La réalité n'est pas aussi ragoûtante que tu le crois.

Il observa un instant de silence en quête de raisons capables de décourager son interlocutrice. Il reprit d'une voix poussive:

- Dans tous les cas, cette maison est louée à un fonctionnaire de l'Etat qui a payé une année d'avance et je me demande quel sera le profit que tu peux en tirer dans l'immédiat, mais si vraiment tu insistes, il faudra attendre la fin du contrat de bail...

- Je n'attends rien du tout, coupa-t-elle, je l'accepte comme elle est.

- D'accord, d'accord, fit-il avec un geste d'humeur, il y en a qui ne retrouvent la tranquillité qu'après avoir tout perdu. Tu l'auras ton palais Kabbaj [1] et on va voir ce qu'on va voir.

Au cours de l'après-midi et la soirée, Hadj Boubker réussit à créer un climat d'entente avec Halima. Bouazza et sa femme, au courant des derniers développements de la situation, se montraient maintenant plus avenants. La fermière, se sentant déjà propriétaire d'une villa des beaux quartiers, se confondait en panégyriques. Elle s'adressa à Hadj Boubker pour lui confier à mi-voix:

- C'est sûr qu'un mauvais sort a été jeté sur vous deux. Le monde grouille de gens qui ne retrouvent le repos que dans l'accomplissement du mal. Beaucoup d'hommes, lui souffla-t-elle à voix basse, crèvent d'envie de te voir marié à une si jeune et jolie fille et beaucoup de femmes débordent de convoitise à la vue de Halima qui a su choisir le meilleur des époux.

Cependant, à l'heure du coucher, la jeune femme qui s'entendait parfaitement à mener ses affaires, refusa formellement de partager sa chambre avec Hadj Boubker. Elle se retrancha derrière la religion et submergea de conseils moraux cet homme qui, il n'y avait pas si longtemps, ne tarissait pas d'homélies. Le vieil homme eut beau supplier, réitéra cent fois les promesses du matin, mais en vain. Halima ne voulait en aucun cas compromettre ses chances d'aboutir.

1- grande maison du style marocain connue à Rabat

Le lendemain, Hadj Boubker et Halima, accompagnés de leur beau père et père, prirent le chemin de la ville. Sitôt arrivés, ils se rendirent aux bureaux du Cadi. Ils en sortirent une demie heure plus tard avec un acte de mariage en règle. Ils partirent ensuite chez un notaire qui était un peu l'ami de Hadj Boubker, dont il faisait les affaires, en vue d'engager des démarches de changement de succession. Ils ne le trouvèrent pas à son étude, mais son clerc leur fit savoir que le maître était en voyage d'affaire et ne reviendrait qu'en fin de journée. Ils prirent alors rendez-vous pour le lendemain et s'en allèrent. Mais, comme c'était encore trop tôt et qu'ils avaient assez de temps devant eux, Halima en profita pour rendre visite à sa confidente et amie Souad la coiffeuse, pendant que Hadj Boubker et Bouazza effectuaient quelques achats. Lorsqu'ils se retrouvèrent vers midi à l'endroit prévu, Halima avait l'air préoccupé; la jubilation du matin s'était effacée pour céder la place à une expression complexe de placidité corrosive, celle-là même qui dissimule parfois les remous internes les plus graves. En cours de route, et même à table quand ils arrivèrent à la maison de la ferme, elle se montra peu loquace; elle n'avait rien à dire disait-elle. Mais comme elle gardait l'air absent et ne mangeait que du bout des lèvres, Hadj Boubker s'inquiéta sérieusement. Que lui cachait-elle? Que préparait-elle encore? A peine avait-il trouvé un peu de répit dans l'engrenage où il s'était fourré que voilà l'étau qui se resserrait encore une fois autour de lui, voilà que le ciel s'assombrissait sur sa tête. Il prit alors la décision d'en découdre tout de suite avec cette affaire; autant savoir au plus vite de quoi il en retournait. Il attendit un instant et, lorsqu'il fut seul avec elle, il la questionna avec insistance sur ce qui la tourmentait. Alors, Halima qui avait été convaincue, lors de son entrevue avec son amie la coiffeuse, de ne pas aller trop vite en besogne, de ne point mettre les bouchées doubles et de n'agir que dans le cadre d'un ordre de priorité préétabli, jugea qu'il était temps de débouler ce qu'elle avait sur le coeur. Elle fit en esquissant une moue désolée:

- Oui, c'est à propos de la villa du Souissi. J'ai bien réfléchi. Tout cela ne peut que nous attirer foudre et tempête.

Hadj Boubker fut abasourdi par la nouvelle; il s'attendait à tout, sauf à ce qu'il venait d'entendre. C'était bizarre, pensait-il, une telle décision, venant de sa part, était tout à fait surprenante. Elle n'allait quand même pas se désister de la villa sans demander autre chose en échange. Pourvu qu'elle abandonnât l'immobilier; le reste, bah! On verrait bien. Il jugea qu'il était utile de dire quelque chose. Il déclara:

- Ha ha! Tu as fini par comprendre! Je n'ai pas trop insisté au début pour te mettre en garde, parce que je craignais que tu ne donnes des interprétations fausses à mes explications...

- Je n'ai pas fini, coupa Halima. Tu devines, je suppose, que j'ai droit à une contrepartie, n'est-ce-pas? Rassure-toi, ce que j'ai en tête est bien moins important que la villa, une bagatelle en comparaison, et j'espère que tu sauras te montrer compréhensif.

Un profond silence s'était fait. Hadj Boubker, gagné par le scepticisme, ne savait que répondre et se bornait à scruter le visage de Halima. Il n'attendit pas longtemps, car la voix de la jeune femme se fit entendre, cette fois douce, mesurée:

- Eh bien voilà! On parlait tout à l'heure chez la coiffeuse d'un magasin à vendre. J'ai pensé que si on s'installait à Rabat et que j'ouvrais une boutique d'habillement, ce serait l'idéal pour moi. Tout d'abord, un revenu supplémentaire n'est jamais de trop et je n'aurais plus à t'embêter avec mes demandes d'argent. Ensuite, le fait d'habiter en ville te donnerait l'occasion d'avoir un oeil sur tes affaires et nous épargnerait ces déplacements à hauts risques.

Les traits de Hadj Boubker s'étaient décrispés dès les premières paroles de sa femme. Tout ce qu'elle demandait n'était en définitive qu'une broutille devant la valeur de la villa. Enfin l'orage était passé. Cependant il ne fallait en aucun cas pavoiser devant elle, on ne savait jamais rien. Après un instant, il rompit le silence:

- Et tu l'as vu ce fameux local?

- Fabuleux, opina-t-elle, je l'ai vu. Il n'est pas très loin du salon de coiffure et occupe un emplacement idéal, dans une rue très commerçante: la rue de Vienne. Seulement, continua-t-elle en baissant la voix, il y a le prix. Mais sur ce point, je te dis tout de suite qu'il n'y a rien à craindre, tout le monde sait que le meilleur placement demeure dans l'immobilier, toi-même tu l'as maintes fois soutenu.

- Et quel est ce prix? demanda Hadj Boubker soupçonneux.

- Le propriétaire parle de cinq cents mille dirhams et de deux cents mille par mois, qu'on peut discuter bien sûr, mais même à ce prix là, j'ai entendu dire que c'était une très bonne affaire.

- Une bien grosse somme, ne put s'empêcher de remarquer Hadj Boubker.

Il ne voulut pas s'engager avant d'avoir visité les lieux et pris conseil. Il restait tout de même un peu contrarié à l'idée que sa jeune femme serait en constante relation avec des hommes. En temps normal, il aurait à coup sûr opposé un refus catégorique à la demande; mais l'euphorie du retour de la villa était encore là et c'était tellement inattendu qu'il se fût prêté à toutes les combinaisons.

Ce soir là, Hadj Boubker eut droit à une démonstration amoureuse de tout premier ordre, comme il n'en avait jamais rêvé. La jeune femme se montra tellement généreuse qu'il finit par admettre tout ce qu'elle voulait. Il accepta d'acheter le magasin, d'avancer l'argent du fonds de commerce et aussi de déménager dans un appartement vacant de l'un de ses immeubles de Rabat. Le lendemain, Halima encore heureuse de son succès, s'arrangea pour fixer rendez-vous entre son époux et le propriétaire du magasin.

CHAPITRE VIII

Quelques mois passèrent. A la morosité des premiers jours de l'ouverture de la boutique, succédait une période de bonne activité. Une solide clientèle, en majorité féminine, commençait à affluer chaque jour davantage. Halima s'était employée fermement à faire connaître son commerce et avait enfin réussi. Il faut dire aussi qu'elle avait le don de la persuasion et les clientes les plus indécises finissaient toujours par succomber aux conseils qu'elle leur prodiguait. Depuis qu'elle avait engagé une deuxième vendeuse, elle n'arrivait à la boutique que vers dix heures. Dans la rue de Vienne, on l'appelait Lalla Halima. Tout le monde la respectait pour son élégance et sa courtoisie. En approchant de sa boutique, elle ralentissait le pas et embrassait la vitrine d'un regard moelleux, avec la fière satisfaction d'une patronne.

Halima était dans ses vingt cinq ans, mais à la voir on lui donnerait plus. Maintenant, elle s'oubliait dans son fauteuil installé en face de l'entrée. Des pensées molles la traversaient sans laisser de trace. Deux fois par jour, le garçon du café d'en face venait prendre des commandes de boissons et de pâtisseries. Les jours passaient doucement et Halima pénétrée d'une insouciance heureuse avait pris un peu d'embonpoint, ce qui n'était pas pour déplaire à Hadj Boubker.

Les ventes étaient devenues maintenant régulières et tout se passait pour le mieux. Dans le temps qui s'écoulait, nonchalant et paisible, rien n'altérait la vie de la jeune patronne. Au fil des jours, un ennui prosaïque commença à s'insinuer en elle; les journées devinrent trop longues, d'une onctuosité à n'en plus voir de fin. Cependant un matin, alors qu'elle venait d'arriver, un homme d'âge moyen, la quarantaine ou peut-être un peu moins, fit son entrée dans la boutique. Il paraissait appartenir au beau monde. Son élégance, sa taille athlétique et son visage placide avaient quelque chose de rassurant. Il se disait pilote de ligne dans une compagnie de transports aériens de notoriété bien établie. L'objet de son entrée au magasin n'était pas d'acheter un vêtement pour sa femme ou sa fille, mais plutôt d'en vendre. Il expliqua à Halima qu'il était en possession de robes d'importation qu'il voulait entreposer dans la boutique pour la vente. C'était, disait-il, pour rendre service à une collègue en difficulté et le prix de mille dirhams la pièce n'était point la valeur réelle d'une marchandise aussi sélecte. Pour Halima, l'homme paraissait en connaître un bout car, comme son métier l'exigeait, il était presque souvent en Europe et avait un bon nombre d'amis qui évoluaient dans le monde de la haute couture. Pendant qu'il parlait, Halima l'écoutait tranquillement sans oser l'interrompre. Le charme et les manières du bel homme lui ramollissait le coeur. Ses grands yeux expressifs s'imprégnaient d'une innocence et d'une douceur incomparables. Sa façon de parler avec un enthousiasme intense et son accent étaient la preuve de son appartenance à de nobles origines. Sa voix elle-même prenait des inflexions à quoi il était difficile d'opposer une résistance. Il devait être sublime dans son uniforme de pilote de ligne, pensait-elle. En tout état de cause, il avait toute sa confiance maintenant, et l'appréhension qu'elle avait ressentie au tout début de l'entretien n'existait plus. Un climat de bonhomie bienveillante régnait déjà.

Avant de prendre congé, il remit sa carte de visite à Halima en multipliant ses compliments pour le goût parfait et l'imagination originale dont la boutique était ordonnée. Halima garda de ces propos une pointe de forfanterie dans le coeur. C'était tout à fait normal, puisque les sentiments traduits venaient de quelqu'un vraiment à la page et qui connaissait les grandes capitales européennes comme le fond de sa poche.

Seule, au fond de la boutique, elle essaya les cinq robes l'une après l'autre. C'était superbe. Elle ne put résister au désir de garder sur elle une petite robe bleu pervenche, très simple cependant, mais d'une ligne infiniment pure. Elle éprouva tout à coup le besoin pressant de la montrer à son amie Souad. Quelques minutes plus tard, lorsqu'elle fit sa rentrée dans le salon de coiffure, tous les yeux convergèrent vers elle. Son apparition produisit, en effet, une grande admiration parmi les nombreuses clientes qui étaient assises sous les casques ou qui attendaient leur tour. Alors on s'informa sur le tissu et sur sa provenance, sur la couture et aussi sur le prix. A son tour, Halima donna d'amples explications, avec une grandiloquence dont les termes pompeux, empruntés au beau langage du visiteur de tantôt, finirent par subjuguer l'assistance. Ce jour-là, la boutique de la rue de Vienne réalisa, avec une facilité déconcertante et en un temps record, une très bonne affaire, la meilleure jusqu'à présent; car, avant la fermeture, les quatre robes restantes avaient été vendues au prix de deux mille dirhams la pièce.

Alami *(l'Universel)*, c'était le nom qui figurait sur la carte de visite du bel aviateur, revint au bout d'une semaine. Il fit son entrée dans la boutique à la fin de la première moitié de l'après-midi, quelques minutes à peine après l'arrivée de Halima. Comme c'était l'heure du thé, elle l'invita à prendre avec elle la collation de seize heures. Après une discussion à bâton rompu, on en vint au sujet d'intérêt commun:

- Excuse-moi d'être venu si tôt, dit-il, mais c'est pour cette collègue qui est dans le besoin; l'hospitalisation de sa mère gravement malade lui a causé de grosses dépenses, et puis vous savez, les exigences de la vie, des achats par ci, des courses par là....

Halima lui tendit l'enveloppe qu'elle avait tirée de son sac à main. Elle dit:

- Voilà, il y a cinq mille dirhams là-dedans, vous pouvez les compter.

Alami prit l'enveloppe avec un détachement volontaire, en même temps qu'il émit d'un ton pesé:

- Il y a des personnes qui inspirent confiance, je ne me suis jamais trompé dans mes jugements. En toute franchise et ce n'est pour faire des flatteries, Madame fait partie de celles-là.

- Merci, répondit Halima toute émoustillée par les propos tellement spontanés de son interlocuteur.

Elle lui fit comprendre que la boutique restait à son entière disposition, ainsi qu'à celle de tous ses camarades qui désiraient se faire un peu d'argent. Alors, en se levant pour prendre congé, Alami parut se raviser. Il se tourna tout à coup vers la jeune femme, il dit:

- Ah! J'ai oublié...

Puis il se tut, laissant sa phrase en suspens. Halima s'approcha, ostensiblement désireuse de connaître la suite. Alami qui l'épiait du coin de l'oeil, fit enfin sur un air d'hésitation:

- Non, c'est tellement ambitieux, trop pour celui qui vient de débuter dans le métier. Et puis il faut beaucoup d'audace. Non, ce n'est rien.

Il fit mine de partir en amorçant un pas vers la sortie, mais la jeune femme intervint; elle voulait avoir le coeur net. Que voulait-il dire? Il parlait d'audace, elle en avait à revendre! Alors, guidée par le besoin effréné de savoir tout de suite, elle susurra dans un sourire:

- De quoi s'agit-il? Eclairez-moi, j'avoue ne rien comprendre.

Et Alami qui ne demandait qu'à satisfaire cette

curiosité qu'il s'était habilement ingénié à provoquer, se tourna vers elle. Il dit d'un air hautement affairé:

- C'est pour dire à Madame que vraiment la fortune appartient aux audacieux. Oui, la semaine dernière, au cours d'un passage à Paris, j'ai eu vent d'une affaire tout à fait remarquable; le propriétaire d'un grand magasin d'habillement qui a, semble-t-il, contracté de grosses dettes en s'adonnant au jeu, désire liquider à très bas prix ce qui lui reste de sa marchandise avant que les huissiers ne viennent opérer la saisie. Seulement, pour diminuer les risques, le bonhomme n'accepte que les achats dépassant l'équivalent en francs français de la somme de cent mille dirhams. C'est assez gros, n'est-ce-pas madame? C'est la raison pour laquelle j'ai hésité avant d'en parler.

Puis il fit dans un soupir:

- Quand on imagine les bénéfices qu'on peut en tirer... Mais comme on dit: l'argent appelle l'argent, c'est aussi vrai que vrai.

Pendant ce temps, l'esprit de Halima s'emberlificotait dans de laborieux calculs. Et même si ces robes revenaient, tous frais compris, à mille dirhams la pièce, le bénéfice serait colossal. Et puis viendraient d'autres affaires, et encore d'autres, jusqu'à n'en plus finir. Ah! Le beau filon si elle venait à disposer de la somme de cent mille dirhams. Ce serait la fin de la médiocrité et le départ d'une vie fastueuse, candide, radieuse. Elle ouvrirait d'autres boutiques et plus tard, peut-être, une galerie, une grande galerie, avec des dizaines d'employés qui y travailleraient. Non, elle n'allait pas laisser sa jeunesse et sa beauté se consumer, vides de sens. Elle tenterait tout pour réussir, tout pour arriver au sommet. Les gens feraient alors des mains et des pieds pour se concilier ses bonnes grâces. Celles qui l'avaient méprisée en auraient plein la vue. Elles crèveraient de rage, notamment Lalla Rhita et toute cette cohorte de petites bourgeoises effrontées qui venaient à la maison et dont les observations sournoises et les remarques faussement innocentes bruissaient encore au creux de son oreille. A cette pensée, Halima se sentit prise de vertige.

Elle leva la tête et regarda Alami avec de grands yeux, comme quelqu'un qui se réveille en sursaut d'un profond sommeil. Son coeur battait avec frénésie. Elle voulut parler mais sa bouche resta un laps de temps ouverte, sans qu'un son n'en sortît. Quand elle réussit enfin à dominer son émotion, elle articula d'une voix dont le timbre avait changé:

- Rien n'est impossible, mais tout ça arrive si vite, il faut un peu de réflexion.

Après un instant de silence, elle continua:

- Je vais voir ce que je peux faire, il me faut un jour ou deux... Excusez-moi, c'est tellement inattendu.

- Alors à bientôt, fit Alami avec un flegme apparent, ce serait un plaisir de voir une si charmante dame réussir dans ses affaires.

- Merci, dit Halima qui arrivait difficilement à contrôler ses gestes.

Longtemps après le départ de Alami, elle resta à la même place, perdue dans les sinuosités de sa pensée. L'homme l'avait mise dans un tel état d'excitation nerveuse et de crédulité maladive qu'elle était incapable de réfléchir. Alors, les mêmes phrases revenaient machinalement dans sa bouche:

- Il faut oser, sinon bernique! La richesse ne tombe pas du ciel. Non, c'est trop bête de laisser passer une occasion pareille. Une fille comme moi ne flanche pas à l'heure de l'action.

Elle allait et venait dans la boutique, pianotait avec ses doigts sur les étagères, pivotait subitement et répétait:

- Quel filon! En voilà un de filon!

Sa décision était prise, elle se procurerait coûte que coûte l'argent. Elle n'était pas à cours d'idées et considérait la somme comme déjà en main. Maintenant, elle ne se possédait plus de joie et se grisait à l'avance de cette fortune à venir.

Le soir même, Halima entoura son époux de mille et une attentions. Pour lui parler de ce qui lui tenait à coeur, elle attendit la fin du somptueux dîner, confectionné exceptionnellement ce jour là, au moment propice où Hadj Boubker, bien détendu, dégustait tranquillement son verre de thé à la menthe. Elle s'assit à ses côtés, affectant un air d'ostensible soumission. Elle fit d'un ton de paisible indifférence:

- Tu sais, c'est formidable le commerce. Je ne pensais jamais qu'on pouvait réaliser de si bonnes affaires en si peu de temps.

- Eh bien, répondit distraitement Hadj Boubker, on dirait que tu te débrouilles pas mal.

- Ma foi oui, mais ce serait encore mieux si j'augmentais le capital.

- Méfiance Halima! Beaucoup, et non des moindres, se sont cassé la figure en voulant mettre les bouchées doubles. Crois-moi, dans ce domaine, il est préférable d'aller doucement.

- Ah! soupira-t-elle, si je pouvais disposer de cent mille dirhams, rien que cent mille dirhams.

- Tu sais ce qu'on risque lorsqu'on met tous ses oeufs dans le même panier!

- Je comprends, mais le projet que j'ai en tête est tellement propre, tellement net, sans le moindre soupçon de risque, aucune ombre, avec de gros bénéfices garantis cent pour cent.

Après un instant de silence, elle reprit, le buste roide et les mains voletantes:

- Tiens, pour te donner une idée, rien qu'une simple idée, je vais te raconter ce qui m'est arrivé la semaine dernière.

Et elle lui raconta l'événement; une version édulcorée où son fameux pourvoyeur n'était pas un homme, mais une femme, une hôtesse de l'air, qu'elle affirmait connaître depuis bien longtemps. Hadj Boubker qui l'écoutait distraitement au début, prit très vite conscience de l'énormité de l'histoire. Des signes d'énervement commencèrent à l'agiter de plus en plus, mais il s'efforça de garder le silence afin d'en connaître davantage. Quand elle se tut enfin, il releva la tête et la toisa d'un regard terrible:

- Mais ça ne va pas, grinça-t-il, l'index pointé sur la tempe, tu viens à peine de commencer que déjà tu t'engouffres dans des irrégularités! Imagines-tu un peu que les gens parlent et que les agents de la douane et du fisc peuvent rappliquer à tout instant?... Non non, pour sûr que tu vas te salir en éclaboussant tout le monde avec toi.

Après une courte pause, il poursuivit avec moins de virulence cette fois:

- Il ne faut pas avoir l'oeil plus gros que le ventre, c'est très dangereux pour la santé!

L'indignation qui était montée en lui et qui s'était accaparé de tout son être, se dissipait peu à peu. Il reprit d'un ton mesuré:

- Apprends bien que dans la vie, il faut savoir faire la part des bons et des mauvais instincts qui se disputent l'âme humaine.

Il lui raconta ensuite l'histoire de commerçants qui s'étaient du jour au lendemain retrouvés sur la paille, victimes de leurs ambitions démesurées. Enfin, pour couper court au sujet de discussion, il fit d'une voix décidée:

- Je t'avise que chez moi on n'a jamais mangé de ce pain là. Et tant que je serai de ce monde, on n'en mangera jamais. Pour cette fois, disons que tu as agi par un manque d'expérience, mais comprends bien à l'avenir que nul ne peut enfreindre impunément les règles établies par la société.

Halima dans son coin, le regardait avec un air ahuri. Faudrait-il qu'il contractât une telle colère pour si peu. Elle qui croyait bien faire, se voyait maintenant asticoter de la sorte, comme une voleuse. Mais parbleu, qu'y avait-il de grave à cela; tout le monde vivait plus ou moins dans ce qu'il considérait lui comme des irrégularités. Elle voulût bien connaître le marchand ou l'épicier qui ne frelatait pas un peu ses produits, le fonctionnaire qui n'arrondissait pas ses fins de mois d'une façon un brin douteuse. Tout le monde fricotait plus ou moins, histoire de rentrer dans ses comptes. Elle n'allait tout de même pas faire l'exception, d'autant plus qu'elle avait besoin de ce petit coup de pouce, juste pour aider le sort, rien de plus. Il n'y avait donc pas de quoi se faire tant de tintouin. Fichtre non! A l'heure où elle s'attendait à des encouragements, c'étaient des engueulades à réveiller tout l'immeuble qu'elle recevait à la figure. Elle éprouvait maintenant du regret de l'avoir mis au courant, une erreur d'appréciation non négligeable, se reprochait-elle intérieurement, mais qu'elle s'arrangerait à corriger. Dans tous les cas, il n'était plus question de lui demander d'avancer la somme dont elle avait besoin. Elle ne lui demanderait plus son avis sur quoi que ce fût; l'audace et la pugnacité n'étaient guère le fort des vieux. Un changement de tactique s'imposait donc.

Un silence suivit. Halima chassa d'un seul coup le courant de contrariété qui l'assaillait. Aussitôt, l'expression complexe, presque agressive de son visage disparut et, quand elle releva la tête, un air de douceur anoblissait ses traits. Elle susurra sur un ton de regret:

- Ma foi, tu as raison. J'ai voulu tout simplement rendre service, je ne savais pas qu'on peut s'attirer des ennuis en agissant de la sorte.

Hadj Boubker la regarda un moment. Au fond, il lui en coûtait de la voir, si crédule, si vulnérable, évoluer au milieu du monde sans scrupules des affaires. Il dit:

- J'ai voulu tout simplement te mettre en garde. Dans le commerce, il y a des erreurs qui ne pardonnent pas.

Halima attendit le lendemain pour mettre à exécution son deuxième plan, car, en bonne prévoyante, elle en avait mijoté un autre de rechange, au cas où le premier irait à foirer. Entre autres, elle téléphona à la compagnie de transports aériens qui employait Alami et sut, d'une manière détournée, qu'un certain Alami faisait en effet bien partie de son personnel. Ce n'était pas qu'elle mettait en doute la bonne foi de ce brave homme, mais la démarche faisait partie d'un ensemble d'actions qui étaient nécessaires afin d'éliminer tout équivoque.

Hadj Boubker avait pris l'habitude d'établir à Halima, à la fin de chaque mois, un chèque de huit mille dirhams pour les dépenses de la maison. Elle l'avait convaincu de cette mesure au tout début de leur installation à Rabat afin de le dégager, avait-elle expliqué, de toutes ces petites corvées astreignantes pour un homme. Et puis n'agissait-elle pas en maîtresse de maison moderne? N'était-ce pas le moyen pour elle d'avoir sa part de responsabilités dans le ménage?

Justement, on était dans les derniers jours du mois et pour Halima tout s'arrangeait pour le mieux; elle allait donc pouvoir mettre en exécution son projet. Le soir même, elle demanda à Hadj Boubker s'il pouvait lui préparer le chèque habituel, car disait-elle, les produits du mois dernier n'étaient pas loin de s'épuiser, et puis elle voulait profiter des prix promotionnels que faisait un nouveau magasin d'alimentation. Hadj Boubker fit remarquer que le mois n'était pas encore à terme. Il tira, cependant, son chéquier et, assis devant la commode, il s'escrima pendant quelques minutes, à tracer doucement les chiffres et les lettres. Halima, derrière son dos, regardait la pointe du stylo à bille qui glissait sur le papier. Elle s'amusa ensuite à compter et à recompter le nombre de zéros. Elle regrettait qu'il y eut la virgule en esquissant une moue désolée; elle ne comprenait pas qu'une misérable chiure de mouche pût causer tant de dégâts dans un nombre.

Dans le cabinet de toilette, elle resta longtemps à regarder le chèque. C'était inouï; il y avait assez de place pour opérer sans problème une insertion. Elle ne put résister au besoin de mettre à exécution son dessein, tout de suite, sans attendre le lendemain. Alors, elle prit de son sac à main le stylo que Hadj Boubker avait utilisé tantôt et qu'elle avait eu le soin de prendre et, suspendant son haleine, elle commença une minutieuse opération de modification du montant. Plusieurs fois et sans laisser de trace, la pointe suivait des contours de chiffres imaginaires, puis tout à coup elle frôla le papier. Halima fit de même pour les lettres et rejeta aussitôt le buste en arrière. Un sourire de connivence étirait ses lèvres, elle marmonna doucement:

- Parfait... Parfait.

Elle avait ajouté 10 devant la somme en chiffres et le mot cent devant sa correspondance en toutes lettres.

Quand elle sortit du cabinet de toilette, le bonheur se lisait sur son visage; elle avait les cheveux détachés, tombant sur les épaules nus et descendant en vagues jusqu'au bas du dos. Hadj Boubker ne l'avait jamais vue ainsi; c'était Eve dans toute sa beauté innocente, qu'aucun tissu ne couvrait. La soirée se termina dans la gaieté et il serait inutile d'insister sur la récompense qui fut réservée ce soir là à Hadj Boubker.

Halima dormit très peu cette nuit là. Son corps s'était engourdi à peine deux heures ou trois dans le trouble d'un sommeil agité. Pour la millième fois elle avait repris jusqu'aux plus petits détails, sa vie future. Le jour fut lent à venir mais elle ne se sentait pas très fatiguée; son cerveau occupé par tant de choses importantes avait oublié ses fonctions naturelles, comme ces noceurs qui, absorbés par l'ivresse, oubliaient leur fatigue.

Deux semaines passèrent. Le pourvoyeur de Halima qui devait, selon lui, revenir dans dix jours après son départ, ne donna pas signe de vie. La jeune femme s'inquiéta tellement qu'elle prit la décision d'aller elle-même à la compagnie de transport aérien pour prendre des nouvelles. La secrétaire qui la reçut lui déclara qu'il n'y avait pas de pilote de ce nom, par contre, il y avait dans leur effectif un vieil employé qui se nommait Alami, coursier de fonction dans la compagnie depuis vingt-cinq ans. Halima était atterrée: ce n'était pas l'homme qu'elle cherchait. Elle tenta d'expliquer les motifs qui l'avaient poussée à venir demander des nouvelles de ce monsieur:

- Monsieur Alami a fait des achats dans ma boutique, de gros achats. Il m'a payé une partie et a promis de revenir le lendemain pour le reste. Vous savez, dans mon métier, pour avoir une clientèle, il faut faire preuve d'un minimum de souplesse. L'homme dont je vous parle inspire tellement confiance, surtout lorsque j'ai vu sa carte de travail, parce qu'il a tenu à me la montrer sa carte de travail. On ne peut pas dire qu'une personne de sa situation puisse faire l'objet d'un doute quelconque.

- D'après ce que vous dites, il me semble qu'il ne s'agit pas du même homme. Notre coursier va bientôt partir à la retraite; c'est le plus ancien de la boîte. Tout le monde le connaît ici, on l'appelle l'oncle Alami, son honnêteté et sa droiture n'ont d'égal que son attachement aux principes fondamentaux de la religion. Pour sûr qu'il ne s'agit pas du même homme.

Puis elle reprit après un moment de réflexion:

- A moins que...

- Quoi? interrogea Halima dont les traits étaient tirés.

- Ce n'est point pour vous alarmer si je vous dis que notre employé a perdu ses papiers il y a un mois environ. Ils sont peut-être tombés dans les mains de quelque malotru qui les a contrefaits pour servir ses desseins malhonnêtes. Vérifiez bien de ce côté là, cette histoire ne me dit rien qui vaille. Mais entre nous, vous avez fait preuve de peu de prudence en accordant des crédits à un client que vous ne connaissiez pas.

Pour Halima il n'y avait plus de doute, elle avait bel et bien été leurrée par ce prétendu pilote qui n'était en réalité qu'un sacré filou. Le plus grave dans l'affaire était qu'elle ne pouvait ni faire une déposition en justice, ni parler à qui que ce fût de sa malheureuse aventure, encore moins à son époux. Elle s'était fourrée dans un roncier inextricable et son esprit torturé ne savait plus comment s'en extraire.

Deux jours passèrent encore, pendant lesquels Halima vivait dans le supplice. Tout avouer à Hadj Boubker! Ce serait là une bien hasardeuse décision; sa réaction serait sans aucun doute fulgurante. Non, un tel aveu était de nature à arracher de son coeur les racines qui le retenaient depuis longtemps à elle. L'avenir du ménage en prendrait un mauvais coup.

Dans la journée, elle sillonnait les rues de la ville à la recherche du pseudo Alami. Elle inspectait les cafés, les restaurants et toutes sortes de lieux publics dans l'espoir de le surprendre. Le soir, elle rentrait tellement déprimée qu'elle oubliait sa fatigue. Dans la nuit, elle ne dormait presque pas et quand elle s'assoupissait pendant quelques minutes, elle se réveillait en sursaut; le terrible souvenir lui revenait brusquement et elle recommençait lentement à chercher le moyen qui la sortirait de son cauchemar. Elle ne pouvait s'empêcher de penser aux gens; tous ceux qui la connaissaient n'allaient-ils pas répéter l'histoire? Cette abominable histoire dans laquelle elle s'était fait embobiner comme une dinde. Ses ennemies n'allaient-elles pas se tordre de rire? S'esclaffer de sa déconvenue? S'en amuser à coeur joie?

L'idée qu'elle avait eu la veille s'ancrait de plus en plus dans sa logique; une solution quelque peu hasardeuse certes, mais faute de mieux, que pouvait-elle faire? Elle ne voyait pas de moyen plus adéquat pour la sortir de l'impasse où elle se trouvait. Dès le lendemain matin, elle congédierait ses deux vendeuses, fermerait la boutique et partirait à la campagne. Hadj Boubker s'inquiéterait, il irait la voir. Alors devant lui, elle feindrait la désolation, se couvrirait de reproches, accuserait Satan de l'avoir manipulée, simulerait aussi une petite scène d'évanouissement. Ensuite, elle lui demanderait amèrement de la quitter parce qu'elle se sentait indigne d'être l'épouse d'un homme droit et intègre comme lui.. Enfin, pour conclure, elle lui ferait des aveux au milieu des larmes. Elle userait de tous les artifices dont elle était capable, convaincue qu'une mise en scène savamment orchestrée l'amadouerait quelque peu. Une dégelée verbale n'était pas à exclure certes, mais il finirait par succomber devant le désarroi de sa jeune épouse éplorée.

Halima traversait d'un pas rapide la rue de Vienne. Les commerçants qui la voyaient passer tous les jours devant leurs magasins lui trouvèrent, ce matin là, un air bien anormal, d'autant plus qu'on ne l'avait jamais vue venir à une heure aussi matinale. Elle allait, regardant droit devant elle, la figure défaite. Devant sa boutique, elle s'affaira un instant, la main dans son sac pour retrouver son trousseau de clés. Mais à peine avait-elle tendu le bras vers la serrure, qu'un homme sortit de l'embrasure d'une porte voisine, comme mu par un ressort et s'empara vivement du trousseau de clés. Halima n'eut pas le temps de réaliser ce qui lui arrivait qu'un autre homme était déjà à ses côtés. Sans attendre, il tira une carte de l'intérieur de son veston et l'exhiba devant la jeune femme encore agitée par des secousses d'épouvante:

- Police judiciaire! dit-il gravement, vous êtes priée de nous suivre au commissariat de police.

Puis il reprit après un moment de silence:

- Rien de grave, une simple vérification de routine.

- Et les clés? souffla Halima, la mine déconfite.

- Vous les aurez là-bas, n'ayez aucune crainte.

Quelques badauds s'étaient agglutinés à une distance respectable, de l'autre côté de la rue. Devant leurs magasins, les commerçants de la rue de Vienne, regardaient eux aussi la scène en s'interrogeant à mi-voix les uns les autres.

Au commissariat de police, Halima, le visage blême, nerveux, tiré, était assise sur le bord d'une chaise et suivait des yeux les allées et venues des policiers. Elle attendait depuis deux heures l'arrivée du commissaire qui, selon les dires du gardien de la paix en faction devant la porte de son bureau, devait recueillir des témoignages sur une vague affaire de trafic de drogue. Halima ne savait pas quel témoignage elle allait faire pour aider à l'enquête. Elle n'avait jamais eu rien à voir avec la drogue et ne savait même pas de quoi était composée cette matière. Les coudes sur les genoux, mâchonnante et sombre, elle se triturait nerveusement les phalanges. Son cerveau enfiévré cherchait en vain le motif de sa présence ici. Des dommages considérables avaient, en tous cas, été portés sur sa personne. Sa dignité était sérieusement entamée. Elle pensait à tout à l'heure, lorsqu'elle fut conduite entre les deux inspecteurs de police jusqu'à l'estafette qui attendait au coin de la rue. Elle avait observé du coin de l'oeil l'expression de tous ces gens qui la regardaient. Un sentiment d'indignation montait en elle et s'accaparait peu à peu de tout son être, faisant vibrer ses muscles jusqu'aux derniers fibres:

- Ah! la catastrophe! se dit-elle, le tort qu'on m'a fait! Non, on ne peut se jouer injustement de l'honneur des citoyens, par Dieu que je ne me tairai pas.

Appréhendée devant tout le monde! Alpaguée en pleine rue comme la pire des voleuses! C'était inadmissible pour Halima. Elle était convaincue que ses ennemis avaient tout manigancé pour la mettre dans une situation aussi dégradante. Alors, l'âme consumée d'un feu ardent, elle se jurait que dès que cette histoire aurait pris fin, elle irait trouver les plus grands avocats pour lui rendre justice; elle engagerait une procédure de droit à l'encontre de tous ceux qui l'avaient éclaboussée de bourbe et exigerait ensuite des dommages et intérêts,

Halima fut tirée de sa rêverie par un toussotement, encore lointain, mais qu'elle pouvait reconnaître d'entre mille. Elle se dressa et vit tout à coup, au détournant du couloir, Hadj Boubker qui arrivait derrière un policier. A quelques pas d'elle, il fit d'une voix essoufflée:

- Alors qu'est-ce qui se passe? De quoi s'agit-il?

La jeune femme se sentit un peu rassurée, mais éprouvait en même temps une gêne sourde à voir son époux. Elle se mit debout:

- Je n'en sais rien, persifla-t-elle amère, demande leur toi-même! Vas-y voir s'il est normal d'appréhender les honnêtes gens dans la rue, devant tout le monde, puis de les faire attendre pendant des heures sans raison!

- Que Dieu nous préserve, dit Hadj Boubker sentencieux.

- Ma foi oui, répliqua Halima d'un ton de suspicion mal retenue, qu'il nous préserve de ceux et de celles qui crèvent de jalousie; les années passent et le mal ne fait que grandir dans leurs coeurs.

Halima pensait en effet que cette histoire avait été montée par Lalla Rhita ou par l'un de ses fils. Une sonnerie retentit tout à coup. Le policier se lança vers la porte et l'ouvrit. Dehors, on l'entendit dire en claquant des talons:

- Oui monsieur le commissaire.

Puis tout de suite après:

- Bien monsieur le commissaire, il y a son père avec elle.

Halima fut invitée à comparaître devant le chef de la police, Hadj Boubker lui emboîtait le pas. Il avait accusé le coup sans broncher; la dernière phrase du policier lui sonnait encore au creux de l'oreille. Dans son fort intérieur, il méprisa ce bonhomme à casquette qui, mu par on ne savait quelle idée préconçue, le prenait pour le père de Halima:

- Ah! ce qu'il peut-être balourd celui-là, pensa-t-il; il y a son père avec elle qu'il dit! Aucune délicatesse, aucune pudeur d'âme, de l'abruti à l'état pur. Pour sûr qu'il a une matrone à la maison qui lui secoue les puces matin et soir.

L'homme qui était derrière le grand bureau impressionna Halima. Bien qu'assis dans un grand fauteuil tournant, on le devinait d'une stature dépassant largement la moyenne. Sa mine renfermée, sa forte carrure et la calvitie scintillante le rendaient supérieur, presque inaccessible. Il désigna de la main les deux chaises placées devant lui. Après s'être éclairci bruyamment la voix, il s'adressa à la jeune femme:

- Vous êtes bien Halima bent Bouazza?

Avant qu'elle n'eût le temps de répondre, Hadj Boubker s'empressa de dire, comme pour rétablir une vérité:

- Je suis son époux, je me nomme Hadj Boubker.

Le commissaire parut contrarié, cependant il s'abstint de faire une remarque et se contenta de reprendre la question en s'adressant toujours à Halima:

- Oui monsieur, répondit celle-ci en levant sur lui des yeux dont les pupilles étaient d'une rondeur innocente.

- Vous avez une boutique au 127, rue de Vienne?

- C'est bien ça monsieur, répondit-elle avec un soupçon de fierté dans la voix.

- Vous connaissez un certain Jalal Rissouli? Un homme d'âge mûr, environ la quarantaine, de bonne apparence et la parole facile.

- Non monsieur le commissaire, je n'ai jamais entendu ce nom, je ne connais personne de ce genre.

- Le gars dont je vous parle a l'allure d'un honnête citoyen. Il se présente à chaque fois avec un nom différent, mais dans le milieu où il évolue ses amis et souvent acolytes l'appellent JR.

- Non, je ne sais rien de ce que vous me dites, je suis une femme honnête. Mais qu'est-ce-que j'ai donc à voir avec ces gens du milieu comme vous dites?

- Vous vous contenterez la prochaine fois de répondre aux questions qu'on vous pose, fit le commissaire en haussant la voix.

Devant cette véhémente mise au point, Halima perdit tout à fait son assurance. Elle jeta un coup d'oeil à Hadj Boubker qui lui aussi paraissait tomber des nues. Le commissaire reprit:

- Pourtant cet homme affirme vous connaître, et même très bien, puisque vous lui avez remis la somme de cent mille dirhams. On ne peut pas mettre une telle somme entre les mains de quelqu'un qu'on ne connaît pas.

Un tonnerre affreux retentit dans le crâne de Halima. Dans son visage devenu blafard, ses yeux avaient pris une mobilité extraordinaire, allant de son époux ahuri à l'homme imposant qui l'interrogeait, avec un brasillement de bête prise au piège.

- Alors, reprit le commissaire, qu'est-ce-que vous en dites?

Hadj Boubker fit bouger bruyamment la chaise sur laquelle il était assis. Il dit:

- Monsieur le commissaire, je crois bien connaître les économies de mon épouse. Il n'y a pas longtemps qu'elle a ouvert la boutique et pour le moment, c'est tout juste si elle rentre dans les frais. Ceci pour vous dire qu'elle ne pouvait disposer de cette somme...

- Hadj Boubker! coupa le commissaire de police, si je vous ai laissé entrer ici avec votre épouse, c'est bien par courtoisie. Alors, notez le bien s'il vous plaît, et ne commencez pas à entraver l'enquête.

Le vieil homme ouvrit la bouche pour dire quelque chose, mais aucun son n'en sortit. Il se contenta de se carrer dans sa chaise en exhalant un soupir. Le chef de la police se tourna aussitôt vers la jeune femme:

- J'attends votre réponse madame, et vite, parce que je n'ai pas de temps à perdre!

La tête basse, Halima s'affairait à nouer et à dénouer la bretelle de son sac à main. Elle répondit d'une voix mal assurée:

- Je ne connais personne de ce nom, monsieur.

Cette façon de contourner les questions énervait le commissaire. Il claqua pendant un instant les jointures de ses mains en détaillant Halima des yeux, puis il dit d'un ton péremptoire:

- Moi je dis que si, et on va tout de suite le prouver!

Sa main se détendit aussitôt vers le bouton placé dans un coin du bureau. La porte s'ouvrit et le commissaire donna des ordres. Quelques minutes plus tard, on fit entrer un homme dont les poignets étaient maintenus derrière le dos par des menottes. Halima se tourna à demi pour voir celui vers qui tous les regards convergeaient. Elle se leva brusquement dans un bruit de chaise qui tombait. Le visage de l'homme était sérieusement endommagé, mais elle reconnaissait Alami. Maintenant tous les regards s'étaient tournés vers elle. Elle se sentit empêtrée dans l'embarras et ne savait quelle attitude adopter. Son coeur battait tellement fort que ses yeux s'embrouillèrent et ses oreilles tintèrent d'une vibration longue et monocorde. Hadj Boubker s'approcha d'elle ostensiblement inquiet, il souleva la chaise et demanda:

- Tu ne te sens pas bien? Assieds-toi et prends ton calme.

Halima respirait précipitamment. Elle se laissa tomber mollement sur la chaise. Ses lèvres s'entrouvrirent et elle fit dans un murmure:

- C'est lui qui a volé mon argent, il s'appelle Alami.

Le commissaire intervint:

- Expliquez-vous, racontez du début jusqu'à la fin.

Et Halima raconta l'histoire de sa rencontre avec celui qu'elle avait cru être son bon génie envoyé tout droit du ciel. Elle relata les faits, mais omit cependant de parler de la manière avec laquelle elle s'était procuré l'argent.

- Et la somme, dit le commissaire, d'où provient-elle?

- J'ai contracté des emprunts par ci et par là pour la réunir, déclara-t-elle sans sourciller.

Hadj Boubker accusa le coup sans dire un mot. Il ne pouvait demander à sa femme d'éclaircir devant tout le monde cette histoire d'emprunt. Elle n'en avait fait qu'à sa tête, sans tenir aucun compte des sages conseils et des mises en garde qu'il lui avait adressés un jour. Une colère affreuse grondait maintenant en lui, mais il se força au silence.

- Admettons, dit le commissaire, mais dans quel but lui avez-vous remis la somme?

- Il m'a dit qu'il était pilote de ligne et qu'il pouvait me fournir une bonne quantité de marchandise à bas prix.

- Et comment pouvez-vous avoir confiance en quelqu'un que vous ne connaissez pas?

- Il m'avait laissé dans un premier temps des robes à vendre, sans me demander aucune garantie. Il m'avait fait confiance et je ne pouvais faire autrement que de lui accorder la mienne, vous pensez bien! En outre, les papiers qu'il m'avait montrés justifiaient bien ses dires. Pour moi, c'était un homme au-dessus de tout soupçon.

- Savez-vous au moins que vous vous êtes rendue coupable en entreposant dans votre boutique des objets provenant de la contrebande? Savez-vous aussi que l'homme à qui vous avez accordé toute votre confiance est un trafiquant de drogue longtemps recherché par la police? Et savez-vous enfin que votre argent a servi à l'achat d'une grosse quantité de chanvre indien dont on fait du hachisch?

- Non monsieur, fit Halima d'une voix tremblante.

- Les motifs sont nombreux pour vous mettre en garde à vue. Cependant, je tiens compte de certaines considérations et je vous laisse rentrer chez vous en attendant votre comparution devant la justice. Pour l'instant, vous pouvez disposer, mais je vous demande de ne pas vous éloigner tant que cette affaire n'aura pas pris fin. Autre chose, votre boutique restera fermée jusqu'à nouvel ordre, quelqu'un vous accompagnera jusque chez vous pour la remise du double des clés.

Sur le chemin du retour à la maison, Hadj Boubker se sentait oppressé par tout ce qui venait d'arriver; jamais dans sa vie il n'avait comparu si humblement devant la police. Mais ce qui le torturait encore plus, c'était cette histoire d'argent que son épouse s'était procuré d'on ne savait où, ni comment. Il voulait connaître la vérité, toute la vérité sur cette histoire d'emprunt. Il était convaincu qu'elle n'avait pas tout dit devant le commissaire. Pour le moment, une seule question lui brûlait la bouche, mais il ne pouvait la poser, à cause de la présence avec eux du gardien de la paix. Il se força donc au silence. Mais à peine se retrouvèrent-ils seuls qu'il dit à brûle-pourpoint:

- L'argent?

- Quoi? répondit Halima, je n'ai pas encore fini avec les interrogatoires?... Je t'en prie, laisse-moi me reposer un peu, je suis très fatiguée.

- Non! Pas avant de m'avoir expliqué la provenance de ces cent mille dirhams.

- Je...

- Ecoute-moi bien, coupa l'autre, les balivernes tu les as débitées là-bas. Ici, c'est la vérité que je veux entendre. Alors, raconte-moi un peu ce qui s'est passé réellement, je ne veux pas l'entendre de la bouche des autres, compris?

- C'est toi qui me les as prêtés...

- Comment? Explique-toi un peu!

- C'est simple! Ne sommes-nous pas mariés pour le meilleur et pour le pire? J'ai eu besoin de cet argent et je me suis servie dans ton compte bancaire.

- Je n'ai rien saisi de ce que tu dis, si tu parlais plus clairement!

- C'est pourtant simple, tu te rappelles de l'autre jour, quand je t'ai parlé des robes importées?

- Oui! Et quoi encore?

- Tu as piqué une de ces colères...

- Oui, mais venons tout de suite aux faits.

- Comme tu étais dans tous tes états, je n'ai pas osé te demander de me faire un prêt.

- Je ne pouvais tout de même pas t'encourager à t'engouffrer dans une mauvaise voie.

- Je n'ai pas résisté... C'était la seule façon de me procurer la somme, juste pour quelques jours.

- Et alors?

- Il m'a suffi d'ajouter une petite modification au chèque de huit mille que tu m'as remis pour les dépenses de la maison. Dans tous les cas, continua-t-elle, j'avais de bonnes intentions, je ne voulais pas te le prendre ton argent. Pour moi c'était un placement dont je voulais te faire profiter toi aussi.

Hadj Boubker avança d'un pas, l'oeil dilaté, le visage fripé, en proie à une de ces rages qui font perdre la raison jusqu'à commettre des crimes.

- Ah! Madame se sert maintenant toute seule, sans l'aide de personne, et elle trouve le culot de me parler de placement. Et quel placement? Ni bénéfice ni capital[1] !. Voilà ce qu'on peut appeler un bon placement! Mais

---

1- élocution populaire pour signifier la faillite

mon Dieu, je rêve ou quoi? Qu'est-ce-que j'ai fait sur cette terre pour mériter un sort pareil?

Halima, la tête basse, demeurait immobile et silencieuse. Il reprit:

- Une petite modification qu'elle dit! Ah mon Dieu! Ce n'est pas possible! Je sais qu'il existe des êtres stupides, bornés, sans un gramme de jugeote, mais citez-m'en un qui va jusqu'à commettre une telle balourdise.

Il se tut un instant pour reprendre son souffle, puis il fit avec un plissement des yeux:

- A moins que... Oui! A moins que ce ne sont les origines qui remontent à la surface! Oui! Il n'y a pas de doute! C'est l'imbécilité paysanne qui émerge.

Halima fit une pirouette. C'en était trop! Elle ne pouvait supporter plus que ce qu'elle venait d'entendre. Alors, le tête haute, le buste rebondi et les mains plaquées sur les fesses, elle apostropha:

- Ah! Mais non!

Elle secouait la tête, trépignait sur place, les lèvres hargneusement retroussées et les joues empourprées d'une colère incoercible:

- Ah! Mais non! Je peux tout permettre, sauf une atteinte à ma dignité! Et à propos d'origines, puisque c'est toi qui a commencé, tu crois que je ne connais pas les tiennes? Je suis une paysanne comme tu dis, mais moi au moins j'ai des origines bien solides, bien marocaines; mes ancêtres ne se sont pas fait chasser d'Andalousie à coups de pied là où je pense... comme certains.

Elle lui braillait dans la figure, ricanait, gesticulait, renâclait, admonestait. Elle s'exaspérait contre lui, rejetant sur son égoïsme, sur son avarice, sur la pesanteur de son esprit, toute la responsabilité des déboires qu'elle venait de subir. Et soudain Hadj Boubker recula, sa main lancée à toute volée claqua la joue de Halima. Le choc fut si violent qu'elle tomba à la renverse. Il articula dans un mauvais rictus:

- Fille de chiens!

Echevelée et haletante, Halima gisait sur le sol, sa

main plaquée sur la joue endolorie. C'était la première fois que son époux la battait. Elle se releva pleine de hargne, suant la haine. Sa colère éclata comme un orage. Elle s'emporta tellement contre le vieil homme qu'il resta comme cloué sur place. Ah! lui disait-elle, elle avait commis l'erreur de sa vie en se laissant, selon sa formule, enjôler par une vieille fripouille, le jour où elle avait lié sa vie à la sienne. C'était contre sa volonté, elle ne voulait pas de lui comme époux, même pas comme amant d'un soir. Il avait profité de son manque d'expérience pour lui voler sa jeunesse. Ah! Elle eût pu avoir le meilleur des hommes! Ah! Qu'elle s'en voulait maintenant de s'être laissée embarquer dans une pareille galère!

Hadj Boubker, qui jusque là écoutait, les traits figés dans une immuable expression d'horreur, répliqua d'une voix rauque que c'était elle qui avait tout fait pour l'embobiner. Matin et soir, lui faisait-il remarquer, elle tortillait devant lui sa croupe pour l'attirer dans ce sale bourbier. Il s'interrogeait aussi sur la terrible sottise qui l'avait frappé pour se mêler à la horde des va-nus-pieds.

- Ça par exemple! s'indigna Halima, te rappelles-tu que tu me baisais les pieds pour te concilier mes bonnes grâces?

Elle bégayait de colère, cherchait des injures plus cinglantes:

- Mais s'il y a quelqu'un à plaindre, c'est bien moi. J'ai lié ma destinée à une loque. Tu... tu n'es même pas un homme! Une lavette! Une... limace! Une misérable limace! Voilà ce que tu es.

D'avanie en avanie, elle finit par lui faire comprendre qu'elle l'avait toujours détesté, que son seul désir était d'en finir avec l'affreuse vie commune qu'elle menait.

Halima avait décidé de jouer le tout pour le tout, étant convaincue que si elle le quittait, il irait, comme l'autre fois implorer son pardon. Elle poursuivit:

- Et puis d'ailleurs, j'en ai ras le bol, j'en ai ma claque aux côtés d'un homme endurci dans son avarice, fossilisé dans son obstination, encroûté dans ses idées.

- En effet, coupa Hadj Boubker, j'allais justement te dire la même chose tout à l'heure. Maintenant que tu as craché ton venin, je peux te l'annoncer...

Il respira un bon coup, puis il fit lentement pour rendre sa parole plus aiguë:

- Halima! Ecoute bien ce que je vais te dire... Tu es répudiée!

Il y eut un silence. Hadj Boubker avait tourné le dos, tandis que Halima, encore abasourdie par ce qu'elle venait d'entendre, le regardait s'éloigner. Elle se reprit et lança aussitôt d'un ton furieux:

- Ah! Ce serait trop facile, monsieur me barbouille à sa guise et quand je réplique: tu es répudiée; voilà ce qu'il trouve à dire. Ah! mais non! Ce serait trop injuste, ce serait trop commode. Je prendrai ma revanche! Ne t'attends surtout pas à ce que je revienne sur une simple pleurnicherie...

- Je vais être plus explicite, rétorqua froidement Hadj Boubker, tu es irrévocablement[1] répudiée! je dis bien irrévocablement et ça veut dire ce que ça veut dire.

Les yeux de Halima s'agrandirent. Elle porta ses mains à sa bouche comme pour étouffer un cri d'horreur.

Après le départ de la jeune femme, Hadj Boubker rangea ses affaires, fit placer d'autres serrures sur la porte d'entrée et le soir même, il rentra à sa maison de Salé. Cette nuit là, il parla longuement à Lalla Rhita de son amertume des erreurs passées, de ses remords, de son isolement moral et de «l'impossibilité pour un homme quel qu'il soit de fuir son destin». Il demanda à Lalla Rhita d'appeler dès le lendemain son fils Hamid pour la mise en vente de la ferme, de la villa du Souissi et de l'appartement qu'il avait occupé à Rabat, car disait-il: «il faut couper les racines du mal pour s'en prémunir». Il laissait à son fils aîné la direction de ses affaires car il se sentait fatigué, sans force ni le goût d'entreprendre quoi que ce fût.

1- En Islam, il ne peut la reprendre que si elle se remarie avec un autre homme puis divorce de lui.

CHAPITRE IX

Une vie nouvelle commença pour Hadj Boubker. Lui qui autrefois avait été très pointilleux sur sa mise, se négligeait maintenant d'une manière excessive. Chaque jour, à onze heure, il se réveillait le visage bouffi d'un sommeil agité, la barbe hirsute. Il sortait dans le patio, respirait un bon moment puis enfilait sa *djellaba* et sortait. Il allait à la place du marché, s'asseyait dans la gargote du père Hassoune et restait pendant des heures, recroquevillé sur une chaise, devant un café crème longtemps refroidi.

Il rentra un jour à la maison accompagné de trois hommes. Ils passèrent dans sa chambre et s'assirent autour d'un guéridon. L'un des inconnus, que Hadj Boubker appelait Kharbouch, était un grand brun au visage sillonné de rides profondes et souillé d'une barbe de plusieurs jours.

Avec son air de vieux condor, Kharbouch paraissait accumuler sur sa tête tous les soucis du monde. Il vivait d'une pension de retraite qu'il avait obtenue pour ses services dans l'armée française, pension qui n'arrivait d'ailleurs pas toujours à bon port. Il avait été un de ces baroudeurs, comme il n'en existe plus maintenant, attiré plus par le plaisir de combattre que par une quelconque motivation. De la campagne d'Italie et du désert de

Lybie, il s'était retrouvé en Indochine. Mais l'enfer de la cuvette de Dien-Bien-Fu mit fin à sa course effrénée à travers des terres inconnues; il s'en était tiré avec une sale blessure dans la tête.

Le second, Moummou, était petit, les yeux globuleux et les lèvres grasses. Il avait naguère tenu épicerie dans le quartier et son commerce avait été des plus florissants. Dans sa boutique, Il menait une vie tranquille jusqu'au jour où une femme rentra dans sa vie. C'était en réalité une femme de joie, bornée et cupide, dont le but n'était autre que de dépouiller de ses biens le trop naïf Moummou. Elle s'y était mise, avec une telle frénésie et un tel acharnement, qu'en moins d'une année les rayonnages qui étaient autrefois croulants de marchandises devinrent vides, nus, décharnés, comme le squelette d'un animal après le passage d'une cohorte de vautours.

Moummou racontait anecdote sur anecdote dans son accent d'homme du sud (il est originaire de Tafraout) Ce qu'il disait était peu intéressant, mais il avait tout de même la sympathie du groupe.

Le troisième, Farid, était frêle, le visage terreux et la moustache retroussée en crocs. Il avait été coiffeur sur la place du marché. Son échoppe avait connu un afflux considérable de clients. Mais au fil du temps leur nombre commença à diminuer, rétrécissant jour après jour comme une peau de chagrin, pour finalement se réduire au néant. La raison majeure en était que plus Farid prenait de l'âge plus sa main devenait moins sûre. Il y avait aussi cette herbe qu'il fumait; personne ne voulait plus risquer sa tête entre les mains d'un homme qui n'était pas tout à fait maître de ses actes.

Avec son fès écarlate incliné sur l'oreille et son allure frétillante, il avait l'air de l'un de ces chanteurs égyptiens de province rendu à l'oisiveté. Il déversait sur chacun, et en particulier sur Hadj Boubker, des formules de politesse; des paroles dont le flot coulait de sa bouche en un ruissellement continu de compliments. Avant de prendre place, il tira de sa poche un petit paquet roulé en cône dans du papier journal, comme font les marchands de cacahuètes. Il le déroula avec des précautions infinies et en retira un petit bouquet d'herbe séchée qu'il brandit au-dessus des têtes:

- La fleur du paradis! La vraie! La pure! La céleste!... De Ktama [1], elle traverse monts et vaux pour venir nous affranchir des misères de ce bas-monde.

Dans une formidable jubilation, il fit un geste aérien de la main. Il lança:

- Adieu mes amis! Je pars! Je quitte le monde stupide des terriens pour celui merveilleux des limbes... Je m'envole vers le monde des naïades.

- Il veut dire des trépassés! corrigea Kharbouch dans un baragouin difficile à comprendre.

Un grand éclat de rire retentit dans la pièce, des rires d'hommes usés qui se transformèrent très vite en un crescendo affreux de poitrines déchirées par la toux. Farid ne fut point offusqué de les voir s'esclaffer sur son compte, cependant il ne put résister au besoin de donner la réplique. Il fit dans une grimace:

- J'en connais qui n'ont pas besoin de la fleur de Ktama pour planer dans les airs, ils sont camés de nature.

Et tout le groupe, y compris Kharbouch qui n'avait apparemment pas saisi le sens de la réflexion dont il était l'objet, partit d'un rire apoplectique.

Le silence qui suivit fut interrompu par Moummou qui, volubile, proposa:

- Et si on faisait une partie de dames?

- Oui, j'en meurs d'envie, approuva Hadj Boubker avec transport. D'ailleurs, tu me dois une revanche, n'est-ce pas?

- Tu veux dire le bourricot que je t'ai collé hier sur le dos?

1- Région de la chaîne montagneuse du Rif

Car, c'était ainsi qu'on disait lorsqu'un joueur perdait une partie. On disait aussi le mur lorsqu'il accumulait quatre bourricots.

- Je vais te donner une chance pour t'en débarrasser, continua Moummou, d'un ton de persiflage horripilant, tâche de faire mieux cette fois-ci, sinon tu vas te retrouver avec un deuxième sur le dos. Et je te préviens! Ça pèse les bourricots!... Trimbaler des baudets sur les épaules, ce n'est pas une mince affaire.

Puis il renversa sa tête, fit rebondir sa poitrine, et ajouta avec une gueulardise polissonne:

- Surtout si tes hôtes reniflent une grisonne qui rôde dans les parages! Quel duo mes frères! Quelle chaleur dans les cordes vocales! Un chant si merveilleux, si doux à l'oreille qu'on a bien envie de lui dédier un nom...

- J'en ai un tout prêt! coupa Farid en égrenant un petit rire sonore. Qu'est-ce-que tu dirais par exemple de... La sérénade du hi-han?

- Quelle verve mon cher Farid! Quel lyrisme? Croyez-moi si vous voulez, les vrais poètes sont souvent méconnus.

Hadj Boubker et Moummou s'affrontaient dans un duel bruyant, sous le regard hautement supérieur de Kharbouch qui arbitrait la partie. Les deux partenaires jouaient, en s'envoyant à la figure et à haute voix, des propos dont la vulgarité faisait rougir de honte toute la maisonnée. Pendant ce temps, Farid, accroupi dans un coin de la pièce, s'activait joyeusement dans une savante préparation du haschich en fredonnant des chansons du très célèbre Houssine Slaoui.

La partie durait depuis un quart d'heure déjà et Moummou, tassé sur lui-même, la tête reposant sur son poing fermé, poussa un pion. Il paraissait sûr de son jeu:

- Et celui-ci, qu'est-ce-que tu en fais mon ami? roucoula-t-il.

- Eh bien, celui-là, son sang va gicler! Je lui coupe la queue! Entends-tu? Je la lui cisaille! gouailla Hadj

Boubker.

Et il émit une sorte de coassement, comme pour imiter le youyou des femmes, le jour d'une circoncision. Moummou se pencha, les sourcils rapprochés comme deux chenilles prêtes à se livrer combat. Il dit:

- C'est sérieux là! On dirait que tu as bien assimilé mes leçons.

Quelques minutes passèrent pendant lesquelles Moummou faisait et refaisait de tête l'itinéraire de ses pions pour sortir de la situation délicate où il se trouvait. Ses lèvres frémissaient comme s'il psalmodiait une prière. Parfois, sans se rendre compte, il levait la voix et on l'entendait dire: et si..., ou bien: non zut! Puis égrenait un chapelet de jurons plus corsés les uns que les autres.

Hadj Boubker multipliait des soupirs d'impatience. Il finit par dire:

- Alors gros mollusque, tu attends un miracle, la *baraka*, peut-être, pour te sortir de la gadoue? Eh bien moi je te dis que tu vas y rester, même si tu invoques l'aide de *chamharouch* [1] en personne.

Kharbouch fit mine de se lever, l'air faussement blasé:

- Moi je vais piquer une petite sieste, dit-il en s'adressant à Moummou, tu me réveilleras lorsque tu te seras décidé à poursuivre sérieusement la partie.

L'agacement se lisait maintenant sur le visage de Hadj Boubker. Il maugréa:

- Non mais dites donc, regardez-moi le minus comme il s'enfonce par terre, il fond comme le beurre frelaté qu'il vendait dans son épicerie (Moummou soumis un jour aux questions du jeu de la vérité, avait reconnu que du temps où il était épicier, il additionnait de la pomme de terre à son beurre pour augmenter son poids). Ecoute mon vieux, continua-t-il en durcissant le ton, je n'ai pas de temps à perdre moi! J'ai les pieds qui fourmillent!

- Bon bon, tu as gagné cette fois-ci, convint Moummou,

1- grand diable

mais dis-toi bien qu'une fois n'est pas coutume.

- A la bonheur! s'exclama Hadj Boubker en se frottant les mains, on est quitte. Et à propos des bourricots, tu te les gardes, fais-en un réveil-matin.

Kharbouch et Hadj Boubker riaient par quintes, tandis que Moummou, affectant un air de dignité outragé, se promettait de ne plus jouer avec des mauvais perdants, qu'il ne remettrait plus les pieds dans cette maison tant que ces gens qu'il avait cru être ses meilleurs amis ne changeraient pas d'attitude envers lui.

Dans son coin, Farid lointain, était à son troisième *sebsi* [1] . Il fumait béatement et ses joues se creusaient en entonnoir. Quand elles se relâchaient, des volutes de fumée grisâtre s'échappaient de sa bouche et de son nez. Après trois ou quatre longues aspirations dont il tirait tant de volupté, il expédiait un prompt jet d'air dans le tuyau en même temps qu'une petite boule incandescente jaillissait du fourneau, décrivait un arc de cercle et disparaissait dans l'entrebâillement de la croisée.

Brusquement, une voix aigrelette se leva. Le silence se fit. C'était Farid qui, gagné par l'euphorie, chantait *sania oul bir*:

sania oul bir, oul maa jari lalla lalla...

Des applaudissements accueillirent le premier couplet. Les bouches étaient fendues, on était heureux. Oui, on allait s'amuser, on allait chanter à tour de rôle et chacun dirait la sienne. Alors, les bras en avant, les doigts écartés, Farid s'efforçait de hausser le ton, mais sa voix usée se cassait lamentablement, produisant un râle au fond de sa gorge étranglée. La société transportée n'en faisait pas grief et battait des mains pour marquer la mesure.

Des applaudissements chaleureux retentirent sans attendre la fin de la chanson. Dans le silence qui s'était fait, Moummou se leva et entonnait déjà un chant berbère, tandis que ses épaules s'agitaient en un tremblement

1- *calumet*

harmonieux. Le groupe, gagné par le rythme, reprenait à la fin de chaque stance:

oua laïd alala

Lorsque Hadj Boubker se mit à chanter: *chemâa*, à voix basse pour donner du poignant aux paroles hautes en couleur de ce poème du *melhoun*, ça causa beaucoup de plaisir. Farid, pénétré par les belles paroles, imprimait à son buste un mouvement de va et vient en se tenant la tête à deux mains. On applaudit longuement à la fin.

- Alors, à toi Kharbouch, à toi! dit Farid. Fais-nous entendre ta belle voix, c'est ton tour, chante la tienne.

Kharbouch se défendit; il ne savait rien, il n'avait jamais chanté. Mais les autres ne voulurent rien savoir, le pressant, l'encourageant. Alors, devant tant d'insistance, il finit par se cantonner dans un mutisme absolu et fixait le tapis avec un air abruti. Moummou criait qu'il devrait dorénavant choisir ses fréquentations, s'indignant que son camarade ne connaissait même pas *bent lemdina*.

Convaincu enfin qu'il n'y avait pas d'autre issue, il se mit en devoir de chercher, se rappeler quelque chose, n'importe quoi, pour calmer ses camarades. Non, rien, sa caboche fêlée était vide. Le front plissé, il racla furieusement les coins obscurs de sa pensée. Rien, toujours rien. Mais tout à coup son visage s'anima, ses lèvres frémirent un instant, puis il bredouilla d'une voix sépulcrale:

haïtou haïtou ha dada
haïtou haïtou ha dada

Sa bouche se fendit largement et ses traits se détendirent; le refrain devait lui rappeler quelque lointaine virée nocturne chez les *chikhate*, et il était ravi de se l'entendre répéter:

haïtou haïtou ha dada
haïtou haïtou ha dada

Déjà debout, les coudes au corps pour retenir sa *djellaba* remontée jusqu'au genoux, il exécutait une sorte de danse où son pied droit se levait en cadence régulière et martelait avec véhémence le sol, comme s'il écrasait quelque dangereuse bestiole.

- Halte-là! Non mon vieux! tonna Hadj Boubker, tu ne connais pas autre chose? Un peu de *marsaoui* par exemple, ou bien du *haouzi*...

Mais l'autre n'écoutait pas; la rengaine qu'il venait de se remémorer lui faisait venir plein de choses heureuses. Il moulinait en soufflant:

haitou haitou ha dada
haitou haitou ha dada

- Ça suffit! gronda une seconde fois Hadj Boubker, tu nous vrilles le crâne avec tes stupides haïtou, on en a par dessus le turban.

- Il n'y peut rien le pauvre, son disque est rayé, glissa perfidement Farid par dessus la voix qui ânonnait.

Des rires fusèrent. Kharbouch comprit enfin qu'on voulait son silence. Il se tut. Après un instant, il baragouina l'air renfrogné:

- D'abord, ils font des mains et des pieds pour me faire chanter, et puis quand je me décide, c'est tout un tralala pour que je me la ferme. Il faut savoir les potes, il faut savoir...

- De grâce mon cher ami, supplia Moummou, nous comprenons ta colère, mais pour le moment fais-nous le plaisir d'arrêter. Ta douce chanson, tu la reprendras ce soir, chez toi.

Puis de terminer d'un ton goguenard:

- Il faut en laisser un peu pour les voisins. Ils seront si bouleversés qu'ils perdront leur sommeil.

Des rires retentirent dans la pièce.

Les quatre hommes restaient pendant des heures, se défoulant joyeusement les uns sur les autres, se gourmandant rudement parfois et fumant à l'occasion une pipe que Farid daignait bien leur offrir. Ils restaient ainsi, enfermés dans leur monde restreint et ne se quittaient qu'à la nuit tombante.

Lorsque les trois hommes partaient, le calme se réinstallait dans la pièce, lourd, harassant. Hadj Boubker redevenait sombre. Il s'étendait sans force sur son lit et y restait le visage taciturne, le regard fixé sur le plafond avec une détresse douloureuse dans le fond des yeux. Il sentait sourdre en lui un mal diffus, non organique. Les souvenirs de son passé montaient lentement et prenaient possession de tout son être, enhardis par la pénombre. Il revoyait Halima dans ses meilleures attitudes, tantôt gaie, tantôt amoureuse.

Lalla Rhita venait s'asseoir à son chevet et lui racontait mille et une choses pour le distraire. Il l'écoutait sans l'entendre. Il avait envie de lui dire de le laisser seul, que tout ce qu'elle pouvait raconter ne l'intéressait plus, que rien dans la vie ne l'intéressait plus, mais il se contentait de lui tourner le dos, laissant aller sa révolte à vau-l'eau.

Lalla Rhita pensait que les nouvelles fréquentations de son époux n'étaient pas pour arranger les choses. Des rumeurs malveillantes circulaient à ce propos dans la ville et toute la famille en était affligée. Elle voulait soulever la question en sa présence, mais à chaque fois elle se décourageait, se rétractant derrière l'idée qu'il n'était pas sage de le contrarier en cette période où, selon elle, il était en convalescence. Il était revenu à sa maison, c'était l'essentiel. Elle connaissait bien son homme et savait qu'il se lasserait très vite de cette détestable compagnie. Il n'y avait donc qu'à s'armer de patience et tout finirait par rentrer dans l'ordre, comme dans l'ancien temps.

Hadj Boubker et ses compagnons paraissaient heureux dans le monde qu'ils s'étaient créé, un monde à part, bien à eux. Un monde dans lequel ils se retrouvaient pour passer des moments d'un bonheur presque parfait. Ils chahutaient comme de grands enfants, se galvaudaient sans ménagements, parlaient sans gêne ni contrainte, bafouant de leur gaillardise toutes les règles de conduite qui régissent la société des hommes, libérant pour un instant leurs âmes des rancoeurs que le destin y avait accumulées. Ces hommes, tous desservis par la vie, au crépuscule de leur existence, semblaient animés d'un besoin pressant de revanche, revanche sur le sort qui les avait si durement marqués, revanche sur leurs semblables qui les avaient si mal compris.

Cependant un jour, une forte altercation éclata entre Farid et Kharbouch à propos d'une malencontreuse affaire de *sebsi* brisé. Kharbouch avait en effet marché par inadvertance sur la pipe que son camarade avait déposé avec la blague à *kif* à même le tapis. Des éclats de voix s'entendaient jusqu'au dehors. Farid, dont la mâchoire pendait de rage, traitait Kharbouch d'oiseau de malheur, de chameau aveugle et d'une série d'épithètes tirés du glossaire fangeux des bas-fonds. Il y eut un tel barouf dans la grande demeure que tout le quartier en fut ameuté. Hadj Boubker tenta d'intervenir pour faire taire les deux belligérants, mais il n'en fut rien. Alors, excédé par tant de charivari, il cria plus fort:

- Vous vous comportez tous les deux comme des mégères, allez déverser votre bave ailleurs, et ne revenez plus jamais ici.

Il y eut un silence pendant lequel Farid et Kharbouch se dévisageaient avec de grands yeux. La colère qui avait déformé leurs traits un instant auparavant laissa la place à une expression d'hébétude. Derrière eux, Moummou fixait Hadj Boubker d'un regard froid. Farid se tourna à demi. Il dit d'un ton glacial en désignant du pouce le maître de séant:

- Comment comment? Vous avez entendu ce que j'ai entendu? On nous chasse, à ce qu'il paraît. Pourtant c'est sa seigneurie qui a insisté pour nous faire franchir le pas de sa porte. Eh bien merci! Merci pour tout! Voilà ce qu'on peut appeler une amitié vraie!

Kharbouch, dans un élan de solidarité, se tourna vers ses deux camarades, comme pour les prendre à témoins.

Il dit dans une méchante grimace qui lui fripait le visage:
- Je vous avais prévenus au début. Il n'y a que moi pour connaître ces gens. Je le redis encore, ils ne sont pas comme nous ces types de la haute; c'est un genre à part, une race bourrée de défauts. Pour eux, le mot amitié n'a d'autre signification qu'intérêt, mais quand il n'y a rien à gratter, ça ne dépasse guère la valeur d'un oignon pourri. J'ai compris, dès le début, que c'est pour amuser le gentilhomme qu'on nous a ouvert la porte. Il s'ennuie paraît-il, malgré ses liasses. Mais à ce propos, je mets ma main au feu que ce qui l'empêche de vivre comme tout le monde, c'est sa conscience... Rudement chargée la pauvre.

Pendant que Kharbouch morigénait, Farid, très digne, hochait approbativement le menton. Alors, oubliant leur querelle et comme si rien ne s'était passé entre eux, les deux compères tournèrent le dos et se dirigèrent côte à côte vers la sortie en mâchonnant des bribes de paroles indignées. Moummou qui les suivait, se tourna vers Hadj Boubker. Il fit dans une grimace désenchantée:
- Tu sais, je les connais bien les amis. La petite chamaillerie de tantôt n'est ni la première ni la dernière entre eux; ce n'est qu'une façon d'entretenir leur amitié, la prémunir en quelque sorte de l'apathie. Le bon remède consiste donc à la secouer de temps en temps pour la remettre sur le qui-vive.

Lorsque la porte de la rue claqua derrière les trois hommes, Hadj Boubker resta un moment sans réaction au milieu du patio, le dos voûté. Lalla Rhita qui avait assisté à toute la scène, s'approcha doucement. Elle risqua:
- Bon débarras! Ces gueux ne méritent que la vie qu'ils mènent! Entre nous, il y a des choses que tu ne connais pas Hadj! Les gens ont la langue pendue et on jase à qui mieux-mieux. Il y en a même qui vont jusqu'à dire: Hadj Boubker ne sait plus ce qu'il fait! C'est un peu fort, tu ne trouves pas? Je voulais te mettre en garde dès la première fois où ces énergumènes ont fait irruption

chez nous. Je savais que ce genre d'individus ne peut que souiller l'image de marque d'un homme comme toi.

Sans dire un mot, le vieil homme se retourna avec un air de grande lassitude. Il se dirigea ensuite vers sa chambre où il s'enferma dans le silence étouffant pour le restant de la journée.

A partir de ce jour, Hadj Boubker commença à se détacher de tout ce qui l'entourait. Il ne parlait à personne, n'exigeait plus rien de personne. Avec les invités ou ceux de sa famille qui venaient lui rendre visite, il avait perdu les habitudes d'auparavant; il parlait peu et lorsqu'il disait quelque chose, ses paroles n'avaient plus la résonance qu'on leur connaissait. Il ne s'intéressait à rien, n'espérait plus rien. De l'espoir aussi, il s'était détaché, comme ces manoeuvres et petits artisans de la place du marché, assis du matin au soir dans l'attente d'un employeur qui ne viendrait jamais.

Les jours passaient. Hadj Boubker se renfermait de plus en plus sur lui-même. Il sortait rarement, ne disait plus rien, refusait de manger et parfois dans sa solitude, écrasé comme dans un désert, il murmurait des mots sans suite. Sa santé déclinait de jour en jour. Le matin, quand il se réveillait, il restait longtemps étourdi, se tenant la tête à deux mains et toussant. Dans la journée, ses jambes restaient molles; il avait comme du coton dans les genoux. Il y avait aussi des crampes qui finissaient par devenir abominables, comme si ses muscles étaient serrés dans un étau. Un matin, il ne put prendre le bol de tisane que Lalla Rhita arriva difficilement à lui faire accepter; il ne pouvait le faire car sa main était agitée d'un léger tremblement qui échappait à sa volonté.

Les jours où il se sentait un peu mieux, il se levait et allait, s'aidant d'une canne, à la gargote du père Hassoune où il restait assis pendant de longues heures, l'oeil hagard et la tête basculant de côté. Il arrivait parfois qu'un passant ralentissait le pas et le contemplait avec une curiosité glacée, puis il reprenait son train en hochant la tête avec un air de dire: «qui dirait que le grand Hadj Boubker en arriverait là».

Il y avait des soirs où il s'oubliait sur sa chaise, noyé dans sa pensée torturante et n'émergeait de sa léthargie que lorsque le garçon venait lui annoncer l'heure de la fermeture. Alors il se relevait difficilement en s'appuyant sur sa canne et prenait le chemin de sa demeure.

Mais un soir, il fut surpris par un orage alors qu'il rentrait chez lui. C'était une heure assez avancée de la nuit et Lalla Rhita s'inquiétait qu'il fût encore dans la rue, surtout par un temps pareil. Elle et ses deux fils l'avaient pourtant mis en garde contre ces sorties nocturnes. Le médecin de famille qui venait de temps à autre lui rendre visite ne tarissait pas de conseils dans ce sens. Elle allait s'assoupir lorsqu'elle entendit taper à la porte. Elle s'empressa d'aller ouvrir. Le carillon de l'horloge du salon sonnait vingt-trois heures. Hadj Boubker était devant l'entrée, les vêtements trempés, la figure violette. Il se tenait la poitrine à deux mains. Lalla Rhita lui prit le bras pour l'aider à franchir le seuil en lui disant sur un ton de reproche:

- Mais enfin, comment faut-il te l'expliquer? Tu ne veux écouter personne. Je t'avais pourtant prévenu! De la pure folie que de rester dehors par ce temps.

Et pendant qu'elle parlait, le vieil homme plié en deux, toussait rudement. Quand il s'étendit dans son lit, il balbutia d'une voix éteinte:

- J'ai froid, apporte-moi toutes les couvertures que tu peux trouver.

Le lendemain, le patriarche ne se releva pas de son lit. Lalla Rhita qui vint le voir au petit matin, le trouva brûlant de fièvre. Devant son état qui empirait d'heure en heure, elle prit la décision d'appeler ses fils.

Hamid qui avait couvert la distance séparant Casablanca de Salé en moins d'une heure, arriva le premier. Quand il entra dans la chambre de son père, le médecin venait de terminer l'auscultation. A la vue du jeune homme, il se releva, l'air ostensiblement inquiet. Il fronça les sourcils:

- Très sérieux cette fois-ci, très sérieux, il faut l'hospitaliser d'urgence.

Le malade qu'on croyait insensible à tout ce qui se passait autour lui, frémit de tout son corps. Il commença à bougonner en hochant négativement la tête, tandis que son visage se ramassait piteusement comme s'il fût pris d'une douleur insoutenable. Lalla Rhita et son fils s'approchèrent de lui, ils savaient que le patriarche exécrait les hôpitaux, les médicaments et tout ce qui s'y rapportait.

Hamid qui accompagna le médecin vers la sortie lui demanda:

- C'est grave docteur?

- Oui, très grave, oedème du poumon droit doublé de complications cardiaques.

Dans sa chambre d'hôpital, Hadj Boubker périssait jour après jour; sa bouche restait cousue pour toute forme de nourriture. Son corps misérable n'était plus qu'un squelette sous une peau desséchée. Bientôt il devint quasiment impossible de lui faire une piqûre ou de lui pratiquer les indispensables transfusions de sérum. Dans ses rares moments de lucidité, il ne cessait de demander à rentrer chez lui.

Les médecins convinrent finalement de son transfert, espérant que dans le cadre familial de sa maison, il lutterait mieux pour survivre. Une infirmière fut désignée pour sa surveillance et on déplaça avec elle tout un matériel médical.

Quelques jours passèrent. Hadj Boubker ne se nourrissait toujours pas. Il était devenu maintenant impossible de trouver une veine pour y introduire l'aiguille du sérum. L'infirmière piquait et repiquait, mais à peine elle se relevait avec un «ouf» de soulagement que le peau bleuie commençait à s'enfler comme une chambre à air qu'on emplissait d'eau. Elle retirait l'aiguille et reprenait ses tentatives ailleurs en disant pour s'excuser:

- Les veines éclatent et laissent le sérum se déverser sous la peau.

Au comble de la douleur, le vieil homme criait:

- Hamid! Karim! Dites-lui de me laisser!... Halima! Rhita! Empêchez-la! Elle me tue! Retournez-moi! J'ai mal au dos!

Et pendant que les uns quittaient la chambre et que les autres se détournaient par pudeur, Lalla Rhita, le visage inondé de larmes, soulevait les couvertures et lui pansait doucement le dos et les flancs à l'aide d'un tampon d'ouate imbibé d'alcool.

Après ces applications qui atténuaient un peu les douleurs de la vaste plaie vive causée par l'alitement prolongé, il rentrait dans un état vaporeux de semi-inconscience et reprenait les mêmes paroles, comme des litanies; de pressants et pathétiques appels à sa défunte mère:

- Mère! O ma mère chérie! Ouvre-moi ta porte... je suis fatigué... viens à mon secours... délivre-moi... emporte-moi... j'en ai assez... je n'en peux plus...

A la maison, tout espoir était perdu. Les souffrances qu'enduraient le malade étaient telles que chacun, dans son fort intérieur, lui souhaitait la délivrance. Mais un matin, les gémissements quasi continus du vieil homme cessèrent. Il était étendu sur son lit et montrait une face calme. La lumière qui filtrait à travers les rideaux mal tirés l'éclairait d'une lueur tremblante, presque aquatique. Lalla Rhita le trouvait bien trop calme ce matin là, comme du temps où elle venait le réveiller pour les ablutions et le petit déjeuner. Elle était là à le regarder, lorsqu'elle entendit un léger sifflement. Elle s'approcha et vit des yeux exorbités fixant un point du plafond. Alors, saisie de peur, elle bégaya:

- Hadj! Qu'est-ce qui t'arrive? M'entends-tu? Réponds-moi donc?

La réponse fut un soupir, le dernier, qui s'exhala de la bouche ouverte du patriarche.

Et soudain, elle comprit que son vieil époux venait de rendre son âme. Elle se retourna et courut, s'accrochant aux meubles, trébuchant sur un oreiller tombé par terre. Et lorsqu'elle fut dehors, elle hurla enfin.

Le convoi funèbre qui transportait feu Hadj Boubker à sa dernière demeure, traversait la ville dans un bruissement de voix qui psalmodiaient des prières. Loin derrière, à une bonne distance, un taxi suivait. Sur la banquette arrière, une femme, avec de grosses lunettes noires, regardait droit devant elle. De temps à autre, elle passait sa main sur son ventre rebondi pour sentir la vie neuve qui palpitait en elle. Halima était presque à terme et n'attendait que la fin des funérailles pour se manifester. Elle se souvenait de cette fameuse soirée, un peu moins de neuf mois auparavant. Elle quittait la salle de bain, après avoir modifié le montant du chèque. Sa chevelure détachée lui tombait sur les épaules nues et descendait par vagues jusqu'au bas du dos. Hadj Boubker ne l'avait jamais vue ainsi; c'était Eve dans toute sa beauté innocente, qu'aucun tissu ne couvrait.

Halima avait pris toutes les dispositions nécessaires pour renforcer ses droits, dès les premières semaines de sa grossesse. Un pli officiel délivré par le Cadi était arrivé un matin à la grande demeure.

Lalla Rhita avait pensé qu'il s'agissait d'une lettre ordinaire comme il en arrivait assez souvent. Elle l'avait rangée dans un tiroir pour la remettre à son fils aîné qui s'occupait maintenant des affaires de la famille.

Lorsque le jeune homme eut pris connaissance de l'écrit, il resta longtemps silencieux, le visage rembruni. A sa mère qui demandait de quoi il en retournait, il répondit que c'était sans grande importance, n'osant pas raviver les vieilles blessures.

Certes, il fallait lui dire ce qu'il en était; on ne pouvait cacher un tel fait, mais le courage lui manquait. Et malgré le devoir qui lui incombait, il ne pouvait lâcher la bombe, il ne pouvait porter à sa vieille mère ce coup cruel. Il n'avait plus la force d'assister à ces terribles scènes, comme ce fut le cas le jour où son père quitta la demeure accompagné de Halima. Il pensa alors que son frère Karim pouvait bien s'acquitter de cette tâche.

Bien que Lalla Rhita vouait à son fils aîné une confiance sans limite, la réponse qu'elle avait reçue ne lui disait rien qui vaille. Elle garda un peu de scepticisme dans le coeur. Mais le lendemain, quand elle vit ses deux fils arriver ensemble, et surtout Karim qui arborait une mine affreuse, elle n'eut plus de doute; quelque chose de grave se tramait à son insu.

La vieille femme avait reçu la nouvelle avec la force étourdissante d'un coup de tonnerre. Elle était restée sans réaction, abasourdie par le choc. Et malgré que les déboires de ces deux dernières années l'eussent rendue cuirassée, le coup que le destin lui assenait cette fois était trop rude, à un moment où elle pensait que rien ne viendrait plus jamais troubler le courant de son existence.

Le visage blanc de fureur, Karim ne put s'empêcher d'exhaler la haine qui lui dévorait le coeur:

- Et pourtant j'ai tout fait pour la neutraliser, avait-il grincé entre les dents.

Et comme les autres étaient restés silencieux, il donna libre court à ce qu'il avait longtemps gardé comme un secret:

- J'ai réussi à l'écarter du chemin! Elle a bien eu son coup de grâce! Oui, je l'ai écrasée comme une punaise! Et pourtant... Voilà qu'elle surgit du néant comme un farfadet.

Hamid sortit subitement de son silence. De quoi parlait son frère? Et à qui faisait-il allusion? Il n'avait pas saisi tout à fait le sens des paroles prononcées. D'ailleurs il n'avait pas attendu longtemps; déjà Karim, guidé par un besoin incoercible de parler, racontait comment il avait engagé le pseudo Alami par personne interposée, et comment il avait réussi à faire entreposer dans la boutique des objets provenant de la contrebande. Il avoua cependant qu'il avait été pris de court, car les robes avaient été écoulées très vite. Les preuves n'étaient donc plus là pour impliquer Halima d'une manière irréfutable. Il dévoila ensuite comment il avait monté de toutes pièces cette histoire dans laquelle la jeune femme avait été extorquée de la somme de cent mille dirhams. Dans son scénario, il avait tablé sur le fait que l'homme de main avait plus ou moins trempé dans des affaires de drogue. Il suffisait donc de le dénoncer, sachant pertinemment qu'il finirait par citer le nom de celle qui lui avait procuré l'argent.

Selon Karim, l'affaire ne s'était pas déroulée comme il eût espéré. La saisie de la boutique avait été certes opérée, son père avait été définitivement écarté, mais il regrettait que cette petite arriviste ne fût pas réprimée par quelques années de prison.

A ces aveux, Hamid fut frappé de mutisme. Pendant tout le temps que son frère parlait, il n'avait pas esquissé le moindre geste pour ne pas l'interrompre. Mais à ses traits crispés, on devinait qu'un dur remue-ménage s'opérait en lui. Il n'avait pas cru que son jeune frère fût capable d'un tel forfait. Il avait fini cependant par réagir:

- Une bien hasardeuse entreprise qui, entre nous, avait toutes les chances de se retourner contre toi.

- Moi au moins j'ai tenté quelque chose qui a donné des résultats, avait rétorqué Karim.

- Un éléphant dans un magasin de porcelaine, sans plus. Halima n'a pas été écartée comme tu prétends, les preuves sont là, et l'état de père ne fait qu'empirer.

- Pourquoi n'as-tu rien tenté, toi qui es si perspicace?

Hamid n'avait pas répondu. Il avait une idée sur le caractère de son frère. Il le savait dur, obstiné, tourmenté par la haine et le cynisme. En outre, le climat était déjà assez surchargé pour se livrer à des joutes verbales.

Lalla Rhita, dont les yeux étaient remplis de larmes, commença à se relever lentement de son état d'inhibition. Sa poitrine fut soulevée par la houle d'un énorme soupir. Elle balbutia comme si elle s'adressait à elle-même:

- Un cerbère à sept têtes, tu en coupes tant que tu peux, il en reste toujours assez pour te mordre jusqu'à l'os.

- La glu du diable, avait surenchéri Karim, tu te dégages à peine d'un côté que déjà tu es pris dans l'autre.

Le convoi funèbre longeait les vieux remparts et montait difficilement la route en côte menant au cimetière, face à l'océan. A intervalles réguliers, les voix discordantes des hommes vibraient dans l'air:

« Il n'y a de Dieu qu'Allah »
« Mohammed est son Prophète »